Mit Christus Brücken bauen

Michaela Schmid (Hg.)

»Mit Christus Brücken bauen«

Der 99. Deutsche Katholikentag 2014
im Bistum Regensburg
Eindrücke – Begegnungen – Hintergründe

SCHNELL + STEINER

Aufgrund der besseren Lesbarkeit wird in dieser Publikation der Einfachheit halber
zumeist die männliche Form verwendet. Die weibliche Form ist selbstverständlich immer
mit eingeschlossen.

Bibliografische Information der Deutschen Nationalbibliothek:
Die Deutsche Nationalbibliothek verzeichnet diese Publikation
in der Deutschen Nationalbibliografie; detaillierte bibliografische
Daten sind im Internet über http://dnb.dnb.de abrufbar.

1. Auflage 2014
© 2014 Verlag Schnell & Steiner GmbH, Leibnizstraße 13, 93055 Regensburg
Herausgeberin: Michaela Schmid
Redaktion: Michaela Schmid, Hans Gfesser, Hagen Horoba, Thomas Pinzer, Jakob Schötz, Gabriel Weiten
Satz: typegerecht, Berlin
Umschlaggestaltung: typegerecht, Berlin
Druck: Erhardi Druck, Regensburg

ISBN 978-3-7954-2928-7

Weitere Informationen zum Verlagsprogramm erhalten Sie unter:
www.schnell-und-steiner.de

INHALT

Christus Brücken bau...

Regensburg

28. Mai-1.
0941.5...
www.katholi...

WORT ZUM GELEIT

LIEBE LESERIN, LIEBER LESER,

viele Wochen und Monate haben wir auf den 99. Deutschen Katholikentag in Regensburg hingefiebert – nun ist er schon wieder Geschichte.

Geschichte spielte eine große Rolle an diesen Tagen. Bedeutende und leider auch tragische Ereignisse jähren sich 2014 in runden Zahlen. Auch Katholikentage selbst können auf eine bedeutende Regensburger Tradition zurückblicken. Der wichtige und nötige Blick zurück gewinnt aber nur, wenn man nach vorne schaut, aus der Geschichte lernt und die Lehren konsequent daraus zieht.

»Mit Christus Brücken bauen« als Leitwort war daher zugleich Ansporn und Auftrag. Vielfältige Brücken sind geschlagen und tragfähiger gemacht worden. Von Mensch zu Gott durch gemeinsames Beten, eucharistisches Feiern und Wallfahren, von Nachbarn zu Nachbarn in brüderlicher Verbundenheit nach Tschechien und weit darüber hinaus und, was den besonderen Stellenwert eines Katholikentages ausmacht, von engagierten Katholiken hinein in die Gesellschaft. Ein Kreisen der Kirche um sich selbst und die Fixierung nach innen sind wie eine Salzklumpenbildung, der entgegengewirkt werden muss.

Wir wollen uns als Salz der Erde (Mt 5,13) ausstreuen lassen, hineinwirken in die Welt und somit das Leben würzen. Der Katholikentag in Regensburg konnte so gelingen, weil wir in Diskussion und Zeugnis von diesem Bewusstsein getragen wurden. Unterschiedliche Standpunkte dürfen uns nicht aufhalten durch freimütiges Auftreten (vgl. Apg 2) für den christlichen Glauben und die in ihm gründenden Werte einzutreten und so der Gesellschaft und damit den Menschen zu dienen.

Dieser Dokumentationsband, aus Regensburger Sicht, soll eine kleine Rückschau auf die ereignisreichen Tage in Regensburg halten, so manche Begebenheit in guter Erinnerung behalten und die gute Stimmung auf dem Katholikentag wieder aufleben lassen.

Ich danke allen, die zum Gelingen des Katholikentages beigetragen haben. Unzählige geleistete Arbeitsstunden von Haupt- und Ehrenamtlichen, beherzter Einsatz in den vielfältigsten Bereichen bei der Planung, Organisation und Durchführung, aber auch die großherzige Aufnahme der vielen Besucher in Privatquartieren sind hier zu nennen. Eine lange Liste am Ende des Buches soll auch die Namen vieler ausschnittsweise wiedergeben. Den vielen Gästen, die sich oft von weither aufgemacht haben, um den Regensburger Katholikentag zu erleben und mitzugestalten, und den vielen Mitwirkenden gilt mein besonderer Dank!

Ein herzliches Vergelt´s Gott sage ich den Mitgliedern des Redaktionsteams, allen voran und namentlich Frau Michaela Schmid, die nach den anstrengenden Tagen und Wochen auch nach dem Katholikentag noch die Kraft gefunden haben, dieses schöne und gelungene Buch zu gestalten und so auch dazu beitragen, die Brücken tragfähig bleiben zu lassen.

Ihr Bischof Rudolf Voderholzer

ERINNERN SIE SICH?

Vielleicht geht es Ihnen ähnlich, wenn Sie in Erinnerung an den 99. Deutschen Katholikentag in Regensburg durch diesen Bildband blättern: Immer wieder berühren mich die vielen, verschiedenen und im Glauben verbundenen Menschen, die diesen Katholikentag so lebendig und lebensnah gemacht haben. Und ich erinnere mich an die sehr intensive Zeit der Vorbereitung auf diese großen Tage. Mit vielen Menschen im Bistum durfte ich im Gespräch sein, konnte motivieren, informieren und eben Brücken schlagen. Eine Vielzahl großer und kleiner Veranstaltungen rund um die Brückentage wurde organisiert. Viele engagierte und interessierte Verbände, Gruppen und Gremien lernte ich auf diesem Weg kennen. Konzepte wurden geschrieben, Vorschläge eingereicht und Mitstreiter gesucht. Immer mehr waren Vorfreude und Spannung zu spüren. Eine Menge Arbeit war zu bewältigen und viele Ideen wurden geboren und glaubhaft umgesetzt. Das Ergebnis war bewegend: fünf Tage in Regensburg, die ganz besondere Spuren hinterlassen haben. Ob das Angebot von weit mehr als 1.000 Veranstaltungen und Programmpunkten, die Mitwirkung von rund 1.200 Menschen rund um den Altardienst bei den zentralen Eucharistiefeiern oder das Verteilen der 70.000 gastfreundlichen Handzettel auf der Suche nach Unterkünften: es sind herzliche Spuren, die dieser Katholikentag hinterlässt. Und Spuren, die einladen, immer wieder neu den Grundstein für Brücken zu legen.

Was bleibt? Da ist zum einen die Freude darüber, dass es gelungen ist, einen bundesweiten Katholikentag auszutragen, der für viele von uns tatsächlich zum Brückenschlag wurde – und dem wir zusammen mit den vielen motivierten Helfern und Mitarbeitern ein spürbares »Regensburger Flair« verleihen konnten. Und da ist der Dank an eine Reihe engagierter Mitdenker rund um die Vorbereitung, Durchführung und Nachbereitung dieses erneut gelungenen großen Glaubensfestes in unserem Bistum: die ordinariatsinterne Arbeitsgruppe und das Jour-fixe-Gremium mit dem Mut zu so manchem Brückenschlag bei Planung und Umsetzung; das Redaktionsteam und dessen Ausdauer und Gestaltungsideen bis ins Detail; die Mitarbeiter der Geschäftsstelle, die sich auf unsere Region eingelassen haben und hier hoffentlich ein wenig heimisch wurden; und eben alle Haupt- und Ehrenamtlichen, von Oberfranken über die nördliche Oberpfalz bis ins südliche Niederbayern. Es war zu spüren, dass diese Brücken wirklich zusammen mit Christus, ja in seinem Sinn gebaut wurden – und zusammen mit so vielen interessierten Menschen, die unserem Bistum durch ihren Besuch Mut gemacht haben, auch weiterhin an bestehenden und neuen Brücken im Glauben zu bauen.

Nun wünsche ich Ihnen eine bereichernde und bestärkende Lektüre ganz im Zeichen des Katholikentages. Bewegende Eindrücke, spannende Begegnungen und bemerkenswerte Hintergründe warten auf Sie. Wer weiß, vielleicht führt Sie so mancher Brückenschlag dann auch 2016 nach Leipzig – dort wartet man auf uns!

Michaela Schmid
Referentin des Generalvikars
für den Katholikentag

VORBEREITUNG DES BISTUMS

Abschlussmesse in Mannheim –
Bischof Gerhard Ludwig Müller
lädt nach Regensburg ein

»Es ist mir eine große Freude, Sie heute als Bischof von Regensburg mit voller Unterstützung der gewählten Laiengremien des Bistums zum nächsten Katholikentag in meine Diözese einzuladen. Katholikentage haben das Ziel, unsere Position zu den drängenden Fragen in Gesellschaft und Politik deutlich zu machen. Sie wollen Freude wecken, aktiv und gestalterisch am Gemeinwohl mitzuwirken. Die Botschaft Jesu hält hierfür Orientierung bereit, die jeder Generation Wege und Lösungen aufzeigt. Wer sich darauf einlässt, wird die erlösende Kraft und Gnade des Glaubens erfahren. Wir Christen bezeugen die Liebe Gottes zu den Menschen. Der Katholikentag 2014 wird ein Fest des Glaubens und der Einheit der Kirche durch das Bekenntnis zu Jesus Christus, unserem Herrn. Ich freue mich, wenn sich Christen aus unseren Nachbarländern ebenfalls beteiligen. In besonderer Weise denke ich an die Erzdiözese Prag als Tochtergründung und Pilsen als Partnerdiözese des Bistums Regensburg. Auch orthodoxe und evangelische Christen sind herzlich eingeladen. Auf ein Wiedersehen beim 99. Katholikentag in Regensburg vom 28. Mai bis 1. Juni 2014! Dazu erbitten wir nun den Segen Gottes!«

Von Mannheim
nach Regensburg

Katholikentag ✣ Mannheim

Katholikentagskreuz

Damit sich Pfarreien, Verbände und Einrichtungen im Bistum Regensburg auf den Katholikentag einstimmen konnten, wurde ein »Katholikentagskreuz« durch das Bistum geschickt. Ein Bastelbogen des Katholikentagskreuzes für Kinder hat dazu angeregt, in den Familien zu Hause das Modell nachzubauen und die Impulse aus Katechese und Gottesdienst nachklingen zu lassen.

Zeitschrift »Auf dem Weg«

AUF DEM WEG

ZUM KATHOLIKENTAG 2014
IM BISTUM REGENSBURG

FÜR ALLE
Verbände,
kirchlichen Einrichtungen,
pastoralen
Mitarbeiter/innen,
Pfarreien und
Interessierten

„Mit Christus
Brücken bauen"

01 Zur Vorbereitung auf den
Katholikentag 2014
Arbeitshilfen, Informationen und Impulse
aus dem Bischöflichen Seelsorgeamt

Fünf Ausgaben umfasste die Arbeitshilfe zur Vorbereitung auf den Katholikentag mit dem Titel »Auf dem Weg« zu den Schwerpunkten »Mit Christus Brücken bauen«, »Partizipation«, »Inklusion«, »Ökumene und interreligiöser Dialog« und »Umwelt und Eine Welt«. Wiederkehrende Elemente waren ein Leitartikel zum Thema, Berichte vom Stand der Vorbereitungen auf den Katholikentag, Informationen aus den Arbeitskreisen und Zentren, Vorstellung von Menschen, die sich für den Katholikentag engagieren, sowie Tipps zur Vorbereitung in den Pfarreien und geistliche Impulse.

Die Sieger des Ideenwett-
bewerbes aus Neutraubling.

W ie lässt sich das Bistum Regensburg
in seiner Vielfalt, mit allen seinen
Pfarreien und Einrichtungen darstellen? Ein
Ideenwettbewerb für ein Symbol sollte die
Lösung auf diese Frage bringen. Wichtig war,
dass der Bezug zum Leitwort des Katholikentages deutlich erkennbar ist, dass das Symbol
in jeder Pfarrei des Bistums durch individuelle
Merkmale ergänzt und ausgestaltet werden

Symbol zur Präsentation des gastgebenden Bistums – Leonardobrücke

und beim Katholikentag zusammengefügt oder gemeinsam präsentiert werden kann. Den 1. Platz beim Ideenwettbewerb belegten mit einem identischen Vorschlag die Ministrantengruppe aus Neutraubling und die KjG-Bildungsreferentin Kathrin Hauser. Ihre Idee: eine Holzbrücke nach dem Entwurf von Leonardo da Vinci, bestehend aus Holzplanken, die ineinander verschränkt ohne Schrauben und Nägel tragen. An dieser brachten Teilnehmende aus den Pfarreien während des Katholikentages eine jeweils individuell gestaltete Stoffbahn an, die so der Brücke Lebendigkeit verlieh und die Vielfalt und Verbundenheit untereinander zum Ausdruck brachte.

Regionaltreffen

Der Bistumsleitung war es von Beginn der Planungen an ein großes Anliegen, das gesamte Bistum in die Vorbereitung der Großveranstaltung mit einzubeziehen. Dies wurde besonders durch die Regionaltreffen deutlich, bei denen Verantwortliche aus der diözesanen Arbeitsgruppe bei mehreren dezentralen Treffen ins Bistum hinein gingen und Interessierte aus Pfarreien, Verbänden und Einrichtungen informierten.

Oktober 2012

Was ist ein Katholikentag?

Diözesanadministrator Wilhelm Gegenfurtner: »Die ersten Schritte auf dem Weg zum Katholikentag 2014 liegen bereits hinter uns, und wir möchten Ihnen gerne den aktuellen Stand vorstellen. Darüber hinaus ist es uns ein Anliegen, aktive und verantwortliche Gläubige unseres Bistums über Möglichkeiten der Beteiligung und Teilnahme zu informieren.«

Aus der Einladung zu den Treffen in Cham, Dingolfing, Weiden und Regensburg

16

März 2013
Wie kann ich zum Programm beitragen?

Generalvikar Michael Fuchs: »Für die pastorale Vorbereitung in unserem Bistum wurden viele der Ideen und Anregungen aus den vergangenen Regionaltreffen aufgegriffen. Aus unterschiedlichsten Bereichen arbeiten mehrere Gruppen an Angeboten für Pfarreien, Verbände, Gruppierungen und Einrichtungen. Es werden Mitgestaltungsmöglichkeiten für Verbände, Gruppen und Ähnliches aufgezeigt, um Projektideen oder Programmvorschläge einzureichen.«

Aus der Einladung zu den Treffen in Plattling, Geisenfeld, Waldershof, Amberg und Regensburg

Januar 2014
Wie kann ich am Katholikentag teilnehmen?

Bischof Rudolf Voderholzer: »Wie können Sie sich gezielt auf die Tage vom 28. Mai – 1. Juni 2014 vorbereiten? Wo in Regensburg finden welche Veranstaltungen statt? Wann und wie kann die Auswahl und Zusammenstellung eines je eigenen Programms passieren? Wer gibt Ihnen Auskunft zu auftretenden Fragen? Um Ihnen diese und weitere Fragen zu beantworten, werden wir in unserem Bistum unterwegs sein.«

Aus der Einladung zu den Treffen in Regensburg, Neustadt/Donau, Mitterteich, Oberviechtach und Straubing

KATHOLIKENTAGSGEBET

Christus, unser Bruder und Herr,
 ausgespannt über den Abgründen des Lebens
 bist du die Brücke, die Himmel und Erde,
 Gott und Mensch, Zeit und Ewigkeit verbindet.
 Du bist der Weg, die Wahrheit und das Leben.
 Niemand kommt zum Vater außer durch
 dich (Joh 14,6).
 Lob dir, Christus, König und Erlöser!

Christus, unser Bruder und Herr,
 du bist die Brücke, über die die grenzenlose
 Liebe des Vaters
 zu allen Menschen strömen will:
 zu den Jungen und Alten,
 den Gesunden und Kranken,
 den Ausgestoßenen und Sündern, den
 Bedrängten und Verzweifelten.
 Lob dir, Christus, König und Erlöser!

Christus, unser Bruder und Herr,
 ausgespannt am Holz des Kreuzes hast du
 den Tod besiegt
 und bist so zur Brücke geworden
 vom Tod zum Leben,
 aus dem Dunkel in das Licht,
 vom Suchen zur Wahrheit,
 aus der Einsamkeit in die Gemeinschaft
 deines heiligen Volkes.
 Lob dir, Christus, König und Erlöser!

Christus, unser Bruder und Herr,
 du hast uns den Weg gewiesen zum
 Leben in Fülle (Joh 10,10) und uns gerufen,
 dir zu folgen.
 Hilf uns, ohne Furcht die Brücke zu beschreiten,
 die du selber bist und uns zum Vater und
 zueinander führt.
 Mach auch uns zu einer Brücke,
 über die die Liebe Gottes zu den Menschen
 strömen kann.
 Erhöre uns Christus!

Christus, unser Bruder und Herr,
 lass uns die Zeichen der Zeit erkennen
 und uns mit ganzer Kraft für die Frohe Botschaft
 einsetzen. Mach uns offen für das, was die
 Menschen bewegt,
 dass wir ihre Trauer und Angst, ihre Freude und
 Hoffnung teilen und mit ihnen dir entgegen gehen.
 Erhöre uns Christus!

Christus, unser Bruder und Herr,
 öffne unsere Augen für jede Not.
 Gib uns das rechte Wort, wenn Menschen Trost
 und Hilfe suchen. Hilf uns zur rechten Tat, wo
 Menschen uns brauchen.
 Lass uns denken und handeln nach deinem Wort
 und Beispiel.
 Erhöre uns Christus!

Christus, unser Bruder und Herr,
 Brücke, die uns zum Vater und zueinander führt,
 mit deiner Hilfe können auch wir zur Brücke
 werden. Amen.

18

Verfasser: Bischof Dr. Rudolf Voderholzer

KATHOLIKENTAGSLIED

Mit Christus Brücken bauen

1 Du bist der Eck-stein, der uns zu-
2 Du bist der Frie-de, der uns zur
3 Du bist Ver-söh-nung, wenn Feindschaft

1 sam-men - hält, un - se - re Hoffnung für
2 Ein-heit führt, un - se - re Stär-ke, wo
3 uns ent - zweit, un - se - re Hil-fe in

1 die - se, dei - ne Welt. Du bist die
2 Lei - den uns be - rührt. Du bist die
3 Not und al - lem Streit. Du bist das

1 Wei - te, die Mau-ern nie-der - reißt,
2 Wahr - heit, die hilft uns zu be - frein
3 Le - ben, wenn uns der Tod um - fängt,

1 du bist der Ret - ter, der Hil - fe
2 von Schuld und Sün - de: So kön - nen
3 das Licht des Glau - bens, wenn Zwei - fel

1 uns ver - heißt.
2 wir ver - zeihn. Kv Mit Chri - stus Brücken baun,
3 uns be - drängt.

uns ihm ganz an - ver-traun: Er ist die

Hoff-nung auf Herrlich-keit! Mit ihm gehn

wir vo - ran, bricht sich der Him-mel Bahn.

Mit Chri - stus Brü - cken baun!

4 Du bist die Richtung, die neue Wege weist, / unser Erlöser, der Herrlichkeit verheißt. / Du bist die Freude, wenn uns die Trauer lenkt, / unsere Hoffnung: In Ängsten uns geschenkt. Kv

5 Du bist der Anfang von Gottes neuer Welt, / unsere Zukunft: Das Dunkel ist erhellt! / Du bist die Brücke, auf der wir sicher gehn / vom Tod zum Leben: Wir werden auferstehn! Kv

T: Hagen Horoba 2013, M: Dr. Christian Dostal 2013
© bei den Autoren

Hirtenbrief des Bischofs von Regensburg

Der Katholikentag möchte Impulse geben und Orientierung vermitteln in den verschiedensten Bereichen der Gesellschaft mit ihren wirtschaftlichen, sozialethischen und kulturellen Fragestellungen. Ein Katholikentag hingegen hat von seiner Geschichte her weniger die Perspektive nach innen, sondern vielmehr nach außen. Im Vordergrund stehen die Fragen: Was haben wir Katholiken positiv zur Gestaltung der Gesellschaft und ihrer Zukunft einzubringen? Wo sind wir das Salz, das unserem Volk und Land und dem Zusammenleben der Menschen Geschmack und Würze verleiht? Wo sind die Wunden, in denen das Salz des Evangeliums vielleicht auch brennen und gerade so seine reinigende und heilende Wirkung erzielen wird?

Im Zentrum unseres Glaubens steht die Gewissheit, dass Jesus Christus selbst Brücke ist: Brücke zwischen Gott und Mensch, zwischen Zeit und Ewigkeit, Himmel und Erde. Angesichts aktueller Tendenzen, die Gesetzgebung hinsichtlich der Beihilfe zur Selbsttötung aufzuweichen, müssen wir als Christen die wahre und einzig menschliche Alternative aufzeigen: also alten oder kranken Menschen nicht zu helfen, Hand an sich zu legen, sondern vielmehr ihre Hand zu halten und ihnen in ihren Ängsten vor Schmerz und Einsamkeit beizustehen.

Allen Frauen und Männern, die durch eine Schwangerschaft in Bedrängnis geraten sind, soll erneut, immer wieder und unmissverständlich zugesichert werden: Die Kirche stellt jede nur erdenkliche seelische, materielle und ideelle Hilfe zur Verfügung. Ein Blick in das Internet genügt, um die nächste Caritas-Beratungsstelle zu finden. Die Kirche bedeutet Sicherheit für Mutter, Vater und Kind – für alle Beteiligten. Ich wiederhole: Sicherheit auch für das ungeborene Kind. Denn ihm das Leben zu nehmen, ist keine Lösung, sondern ein Unrecht, das zum Himmel schreit.

Der Katholikentag ist eine gute Gelegenheit, mit neuer Deutlichkeit zu zeigen: Gott hat den Menschen als Mann und Frau geschaffen, und diese Geschlechterpolarität wird ausdrücklich gutgeheißen. In der gegenseitigen Anziehung der Geschlechter und in der Fruchtbarkeit ihrer Liebe hat der Schöpfergott die Zukunft der Menschheit begründet. Vater-sein-können und Mutter-sein-können sind nicht anerzogene kulturelle Rollenmuster, sondern schöpfungs-mäßige Bestimmungen des Menschseins von Mann und Frau. Und so haben auch Kinder das Recht, im Erleben von Vater und Mutter ihr eigenes Geschlecht anzunehmen und ihr Leben als Geschenk Gottes zu verwirklichen. Wenn die staatliche Gesetzgebung Ehe und Familie privi-legiert, dann nicht aufgrund der Bevorzugung einer sexuellen Neigung, sondern im Interesse am Fortbestand der Gesellschaft und eines gerechten Miteinanders der Generationen. Ich erwarte mir, dass der Katholikentag in diesem Sinne deutlich seine Stimme erhebt.

Der Katholikentag mit seiner ausdrücklich gesell-schaftlichen Zielrichtung soll, so erhoffe ich es, bei allen Teilnehmerinnen und Teilnehmern, besonders aber bei den jungen Menschen, die auf der Suche nach ihrem Platz in Staat und Gesellschaft sind, auch die Frage wecken: Bin vielleicht ich dazu berufen, mich in einer der demokratischen Parteien unseres Landes zu engagieren und aus christlichem Geist heraus politische Verantwortung zu übernehmen? Dies entspräche dem Auftrag der getauften und ge-firmten Weltchristen (so genannter Laien) gemäß der Lehre des Zweiten Vatikanischen Konzils, wonach Laienapostolat bedeutet: Durch und mit ihrer beruflichen Kompetenz sollen die getauften und gefirmten Christen in ihren Berufen für das Reich Gottes arbeiten.

Noch viele weitere Brückenschläge bieten sich an: zwischen Glaube und Naturwissenschaft, zwischen Ökologie im Sinne der Bewahrung der Schöpfung und Ökonomie, zwischen Kirche und zeitgenössischer Kunst, und vieles andere mehr, ohne dass ich darauf jetzt näher einge-hen könnte. Wir wollen auch um Kraft und Phantasie beten, aus dem Glauben heraus am Weiterbau eines christlichen Europas mitwirken zu können.

Aus dem Hirtenbrief zur Fastenzeit 2014 von Bischof Dr. Rudolf Voderholzer

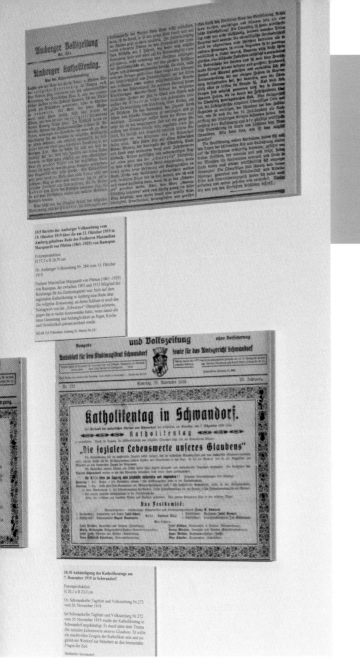

Geschichte der Katholikentage im Bistum Regensburg

Die Ausstellung zeigt »in besonderer Weise die Tradition einer dauerhaft lebendigen katholischen Laienbewegung in unserem Bistum, die sich stets den aktuellen Fragen ihrer jeweiligen Zeit widmete und ihren Glauben in die Gesellschaft tragen wollte.«

Andreas Jobst, Diözesanarchiv Regensburg

Katholikentage haben im Bistum Regensburg eine lange Tradition. Das Bischöfliche Zentralarchiv widmete diesem Thema eine eigene Ausstellung. Neben den drei Deutschen Katholikentagen der Jahre 1849, 1884 und 1904, wurden auch die diözesanen und regionalen Katholikentage dokumentiert.

Literaturhinweis:

Katholikentage im Bistum Regensburg 1849–2014.

Ausstellung in der Bischöflichen Zentralbibliothek Regensburg vom 26. Mai bis 29. August 2014 (= Bischöfliches Zentralarchiv und Bischöfliche Zentralbibliothek Regensburg, Kataloge und Schriften, Bd. 34), hg. v. Paul Mai, Verlag Friedrich Pustet: Regensburg 2014.

ZENTRALE
VERANSTALTUNGEN

Eröffnung auf dem Domplatz

Trotz des Regens feierten tausende Besucher den Beginn des Katholikentages am 28. Mai.

27

*»Zeichen für echten Dialog:
Dialog mit Christus wie auch
untereinander«*

Wir Christen haben den beständigen Auftrag, Brücken der Beziehung zu errichten, einen Dialog um die Fragen des Lebens mit den anderen zu führen und dabei vor allem die Sorgen der Ränder – seien es die der Gesellschaft, seien es die der Religion oder der menschlichen Beziehungen – nicht außer Acht zu lassen. Christus ist der Grund, auf dem wir den Bau beginnen; denn er ist es, der die trennen-

Inklusive Tanzgruppe
der KJF-Werkstätten St.
Rupert aus Eggenfelden.

Philipp Graf von und zu
Lerchenfeld, Vorsitzender
des Diözesankomitees
Regensburg, und Bischof
Rudolf luden gemeinsam
zum Abend der Begegnung
mit sieben Landschafts-
regionen des Bistums
Regensburg ein.

Bundespräsident Joachim Gauck
rief die Christen zu einer verstärkten
Zusammenarbeit auf. Die Kirchen
könnten nur in den Staat und die
Gesellschaft hineinwirken, wenn
sie mit einer Stimme sprächen.

de Wand zwischen den Menschen und zwischen Gott und den Menschen niedergerissen hat (vgl. Eph 2,14). Durch seinen Tod am Kreuz und seine Auferstehung baut er für uns die Brücke zum Leben. In seiner Himmelfahrt wird er der Brückenbauer zwischen Gott und den Menschen, zur Brücke zwischen Zeit und Ewigkeit. In Taufe und Firmung beruft er uns als Brückenbauer in seine Nachfolge. Auf dem

Katholikentag gebt Ihr ein Zeichen für echten Dialog: Dialog mit Christus wie auch untereinander. So werdet ihr wahre Zeugen und tüchtige Mitarbeiter Christi beim »Brückenbau« für den Frieden und das ewige Heil.

Aus der Grußbotschaft von Papst Franziskus.

Vor dem Regen geschützt singen die Regensburger Domspatzen im Südportal des Domes St. Peter.

Nach dem Katholikentagsgebet spendeten Regionalbischof Hans-Martin Weiss, Erzpriester Apostolos Malamoussis und Bischof Rudolf Voderholzer den ökumenischen Segen. Als Lektorinnen sprachen Lisa Prasser, BDKJ-Diözesanvorsitzende, Michaela Halter, designierte Vorsitzende des Diözesankomitees Regensburg. Vorsänger war Lorenz Blattert, Domspatzen Regensburg.

An der Eröffnungsveranstaltung nahmen u.a. teil (v.l.n.r.): ZdK-Präsident Alois Glück mit Ehefrau Katharina, Bundespräsident Joachim Gauck, Bischof Rudolf Voderholzer, Ministerpräsident Horst Seehofer, Landtagspräsidentin Barbara Stamm und Oberbürgermeister Joachim Wolbergs.

Agnes Bernauer
Festspielgruppe,
Straubing, Region
Gäuboden/Vorwald.

Abend der Begegnung –

AN GUAD'N MITANAND!

Stimmungsvolles
Abendgebet zum
Abschluss auf allen
Plätzen.

Bestens versorgt
durch regionale
Schmankerln wurden
alle Besucherinnen
und Besucher satt.

»Wir Katholiken,
wir Christen kön-
nen feiern! Auch
das wird ein Zei-
chen dieser Tage
sein, das fröhliche
und festliche Mit-
einander – in einer
der schönsten Städ-
te Deutschlands,
und sicher auch
Bayerns.«

Alois Glück, Präsident des ZdK

Angefeuert durch zahl-
reiche Jugendliche ...

... schneiden Bischof Rudolf und Oberbürgermeister
Wolbergs bei der »Schnippeldisko« Gemüse gegen die
sinnlose Verschwendung von Lebensmitteln.

Bayerisches Brauchtum kam auf mehreren Bühnen zum Ausdruck.

Der »Brandner Kaspar und das ewig' Leben«, Dorfbühne Schwaig, Region Hallertau.

Literaturhinweise:

»Hinein ins Bistum!«
Bischof Rudolf Voderholzer in Wort und Bild, hg. v. Michael Fuchs und Gabriel Weiten, Verlag Friedrich Pustet: Regensburg 2014.

... da fahren wir am Sonntag hin!!
Ziele für Familienausflüge im Bistum Regensburg, hg. v. Arbeitskreis Ehe und Familie im Diözesankomitee, 3. Aufl. 2013, Tschechische Ausgabe anlässlich des Katholikentages 2014.

Eucharistiefeier zum Hochfest Christi Himmelfahrt

Der Katholikentag als Fest des Laienapostolates

»Geht zu allen Völkern!« (Mt 28,19) Was meint Jesus, wenn er seine Jünger und damit die Christen aller Zeiten auffordert: »Geht!«? »Gehen« heißt: »Nicht sitzen bleiben«, allzu viele innerkirchliche »Sitzungen« halten oder sich einsperren, auch nicht nur gebannt in die Luft starren, sondern gehen. Aufbruch ist angesagt!

Die Jünger haben die Weisung ihres Herrn befolgt. Gestärkt durch den Pfingstgeist sind sie gegangen. Schon nach wenigen Generationen war die Botschaft von Tod und Auferstehung Jesu an den Grenzen der damals bekannten Welt angelangt. Die Jünger sind aufgebrochen. Mit einem erfüllten Herzen haben sie Gottes Wort ausgesät, und der Herr ließ vielfache Frucht wachsen. Viele der Jünger in den ersten Jahrhunderten, aber auch bis herein in unsere Gegenwart, haben für die Botschaft Jesu und den Glauben an ihn sogar ihr Leben hingegeben. So verbreitete sich das Evangelium und schon im vierten Jahrhundert erreichte es – durch Soldaten und Kaufleute, durch Laien also – auch die von den Römern gegründete Stadt Castra Regina, die Ratisbona, Regensburg, die Stadt, in der wir den 99. Deutschen Katholikentag begehen dürfen. Schulen, Krankenhäuser, Klöster, herrliche Kirchen, verschiedenste sozial-caritative Einrichtungen sind Früchte dieses Glaubens. Dass das Evangelium von so kleinen Anfängen in Jerusalem her die Enden der Erde erreicht hat und heute Christen in Asien, Australien, Amerika, Afrika und in Europa ihren Glauben leben und das Wort Gottes verkünden, ist für mich allein schon ein überzeugender Hinweis, dass diese Botschaft echt ist und ich ihr glauben darf.

»Geht, geht zu allen!«, sagt der Herr auch heute und zu jedem von uns. Der Katholikentag bringt uns in Erinnerung: »Du bist gesandt, Du hast eine Mission, Du bist beauftragt, den Glauben zu verkündigen!«, das gilt nicht nur für die Bischöfe, Priester und Diakone und die hauptamtlich Bestellten. Schon die Taufe und die Firmung befähigen und beauftragen jeden Christen: »Geht, geht zu allen.« Jesus, der Brückenbauer, braucht auch Dich und mich. Baut mit ihm an der Brücke zwischen Gott und den Menschen und der Menschen untereinander. Der Katholikentag als Fest, bei dem die besondere Sendung aller Laienchristen in den Blick rückt, der Katholikentag als Fest des Laienapostolates will uns darüber hinaus die vielen Richtungen aufzeigen, in die es heißen kann: »Geht, geht zu allen.«

Geht zu den Kranken, zu den Gemobbten, zu allen, die auf irgendeine Weise an den Rand gedrängt sind. Lasst sie erfahren, dass sie nicht alleine sind, sondern dass ihnen ganz besonders die Liebe Christi gilt.

Geht zu den Flüchtlingen und Heimatlosen. Reicht ihnen die Hand und tragt Sorge, dass sich über dieser menschlichen Brücke auch Wege in eine menschenwürdige Zukunft auftun.

Geht
zu
allen

Unter dem Motto der Eucharistiefeier »Geht zu allen!« zogen die Kinder nach »ihrem« Wortgottesdienst in das Stadion ein. Dabei wurden sie von Sternsingern angeführt.

Geht in die Schulen. Sorgt dafür, dass der Religionsunterricht dazu beiträgt, dass unser Glaube lebendig bleibt; aber unterstützt den Religionsunterricht auch von den anderen Fächern her. Schlagt untereinander die Brücken, dass klar wird: Religion ist nicht eine Sonderwelt, sondern die Antwort auf die Fragen nach dem Sinn des Lebens!

Geht in die Hochschulen und Universitäten! Glaube und Vernunft sind keine Gegensätze, sondern sie brauchen einander! Helft mit, Gräben zwischen Naturwissenschaft und Glauben, zwischen Philosophie und Theologie, zu überwinden. Sorgt für die »Entfesselung der Vernunft« als eine erste Brücke zwischen Mensch und Gott.
Geht in die Redaktionsstuben der Zeitungen und in die Funkhäuser und dorthin, wo über so viele unterschiedliche Kanäle Informationen verbreitet und Meinungen gemacht werden. Helft mit, dass die Medien sich der Wahrheit verpflichtet wissen, ihr Ethos nicht dem wirtschaftlichen Druck opfern und ihre Funktion als Brücke zum Guten hin ausfüllen. Der Münchener Publizist Fritz Michael Gerlich, der vor 80 Jahren für seine Überzeugung zu einem der ersten Märtyrer im Widerstand gegen den Nationalsozialismus wurde, ist für mich in diesem Zusammenhang ein großes Vorbild.

Geht in die politischen Parteien! Gerade die jungen Christen möchte ich ermutigen, sich ernsthaft die Frage zu stellen, ob das nicht ihre Berufung ist. Wir brauchen junge Menschen, die fest im Glauben verwurzelt, beruflich kompetent und mit einem starken Rückgrat sich einbringen, Verantwortung übernehmen und mitbauen an einer menschlichen Gesellschaft.
Geht in die wirtschaftswissenschaftlichen Fakultäten und in die Wirtschaft und Industrie, dass phantasiereich Wege gefunden werden, wie die Kluft zwischen Arm und Reich zumindest gemildert werden kann, Grenzen zwischen den Völkern allmählich überflüssig werden, Mauern den Brücken weichen können.

Liebe Schwestern und Brüder im Herrn, vor 25 Jahren fiel der Eiserne Vorhang, der mehrere Jahrzehnte lang Europa in zwei Hälften trennte. Diese friedliche Umwälzung war nicht zuletzt vom Wirken und Beten vieler Christen vorbereitet, die die politische Bedeutung ihres Glaubens umgesetzt haben und zu Brückenbauern geworden sind. Mit großer Dankbarkeit schauen wir auf den heiligen Papst Johannes Paul II. Auch ihm ist es zu verdanken, dass der völkerverbindende Brückenschlag zwischen Bayern und Böhmen wieder möglich wurde. Mitten im Herzen Europas ist das gelungen, in unserer Nachbarschaft. So grüße ich an dieser Stelle ganz besonders und ausdrücklich meinen Mitbruder aus Pilsen, Bischof František, und alle Schwestern und Brüder aus unseren benachbarten tschechischen Bistümern. Freuen wir uns darüber und feiern wir dankbar, dass tragfähige Brücken unsere Freundschaft möglich gemacht haben. Diese Erfahrung ermutige uns auch, dem Testament Jesu in den vielen anderen Bereichen zu folgen, der uns zuruft: »Geht, geht zu allen Völkern.« Amen.

Aus der Predigt von Bischof Dr. Rudolf Voderholzer

Regensburger
Besonderheiten:
Wallfahrtskreuz
und Fahnen der
Verbände.

Kommunionspendung
durch Bischof Rudolf
Voderholzer.

Trotz Regens herrschte gute Stimmung im
Leichtathletikstadion der Universität Regensburg.

EHRENGÄSTE

Für die musikalische Gestaltung sorgten unter der Gesamtleitung von Diözesanmusikdirektor Dr. Christian Dostal der Bistumschor Regensburg, die Band von Musica e Vita unter der Leitung von Jürgen Zach mit der Sängerin Monika Anglhuber, das Danuvius-Blechbläserensemble unter der Leitung von Paul Windschüttl …

Gebärdendolmetscherin:
Barrierefreiheit auch für
hörgeschädigte Gottes-
dienstbesucher.

Mehr als 17.000 Gläubige
bildeten bei der hl. Messe
im Stadion ein buntes
Meer aus Regenschirmen.

... und Psalm-Rapper
Lasse Schmid aus
Regensburg.

41

Gemeinsames Gebet (v.l.n.r.): Landesbischof Heinrich Bedford-Strohm, Ev.-Luth. Kirche in Bayern, Bischof Rudolf Voderholzer, Bistum Regensburg, Metropolit Augoustinos, Griech.-Orth. Metropolie von Deutschland, Bernd Densky, Pastor der Ev.-Freikirchlichen Gemeinde (Baptisten) und freikirchlicher Referent der ACK, Frankfurt/Main.

»Es ist ein großer Schatz, dass wir auf unseren Kirchentagen und Katholikentagen nicht unter uns bleiben, dass wir diese Glaubensfeste zusammen begehen, dass wir in den vielen Begegnungen und dann in besonderer Dichte in den gemeinsamen Gottesdiensten spüren, wie die Grenzen fallen, die wir immer wieder von neuem aufrichten, wie wir etwas von dem Reichtum erfahren, der in den unterschiedlichen konfessionellen Traditionen steckt.«

Aus der Predigt von Landesbischof Dr. Heinrich Bedford-Strohm

Zentraler Ökumenischer Gottesdienst

Den Reichtum der Konfessionen entdecken

Blick in das Hauptschiff
des Regensburger Domes.

Die Donauarena im Osten
Regensburgs erleuchtet im
Licht tausender Kerzen.

44

*»Meine Hoffnung und meine Freude,
meine Stärke mein Licht, Christus meine
Zuversicht ...«*

Die »Nacht der Lichter« blickt auch im Bistum Regensburg auf
eine lange Tradition zurück, die besonders von Jugendlichen gelebt
wird. Auch beim Katholikentag konnten tausende Christen die
einzigartige Atmosphäre mit den wiederkehrenden Gesängen aus
Taizé erleben. Das Geschehen des Abends deutete Frère Richard
mit folgenden Worten: »Der gute Hirte ruft uns beim Namen. Wir
können ihm unsere Lasten geben.«

Nacht der Lichter

Katholikentagswallfahrt nach Neukirchen beim Hl. Blut

Brückenschlag zwischen Bayern und Böhmen

Heute Morgen haben wir uns auf den Weg gemacht aus den verschiedenen Regionen unserer Diözese und aus den Vikariaten der Diözese Pilsen. Da beten Gläubige aus Domažlice mit Gläubigen aus Furth im Wald. Und Diözesanpilger aus Pilsen treffen auf Katholikentags-Teilnehmer aus Regensburg.

Ankunft der Wallfahrer in Neukirchen beim Hl. Blut.

Die barocke Wallfahrtskirche war bis auf den letzten Platz besetzt.

Solche Tage wie heute dürfen uns allen auch eine Ermutigung sein, voneinander zu lernen und unseren Glauben weiterzugeben in der Kraft von oben. Wer Grenzen überschreiten will, wer Brücken begehen will, und den Heiligen Geist um seinen Beistand bittet, der wird nicht allein bleiben und nicht allein gehen. Wer glaubt, ist nie allein. Welch eine starke Brücke! Besonders berührt mich, wie sich nach der Wende 1990 Monsignore Vladislav Sysel um die Erneuerung der tschechischen Wallfahrt mühte. Ihm gebührt von dieser Stelle aus ein großer Dank. Beim ersten tschechischen Wallfahrtsgottesdienst am 9. Mai legte er in der Predigt der »Madonna von Loučím« hier in Neukirchen die Worte in den Mund: »Wo wart ihr solange, liebe Pilger? Ich habe auf euch gewartet.« Und die Pilger antworteten: »Hier sind wir wieder.« Und heute rufen wir: Wir sind gemeinsam gekommen, von Osten und vom Westen. Ja, liebe Pilger, hier sind wir wieder! Das können wir auch heute rufen, bei dieser Messe der Pilgerfahrt der Diözese Pilsen und des Deutschen Katholikentages mit dem Motto »Mit Christus Brücken bauen«. Welch eine schöne Brücke!

Aus der Predigt von Bischof Rudolf Voderholzer, simultan übersetzt von Bischof František Radkovský

Nach dem Gottesdienst begegnete Bischof František Radkovský gemeinsam mit seinem Regensburger Mitbruder den Wallfahrern.

Die barocke Wallfahrtskirche wurde im 17. Jh. um die kleinere Klosterkirche der Franziskaner erweitert.

Auch im Freien hatten sich zahlreiche Gläubige eingefunden, um die Messe über eine Leinwandübertragung mitzufeiern. Insgesamt waren mehr als 3.000 Wallfahrer nach Neukirchen gepilgert.

Zahlreiche
Angehörige der
Volksgruppe der
Choden kamen in
ihrer traditionellen
Tracht.

Fest am Samstagabend in der Regensburger Altstadt

Nach dem Einläuten des Festabends präsentierte sich auf sieben thematisch ausgerichteten Bühnen in der Regensburger Altstadt ein unterhaltsames Abendprogramm. Es lud dazu ein, durch Begegnung in vielerlei Hinsicht Brücken zu schlagen. Die Themen der Bühnen waren: Brücken in die weltweite Kirche, Mut gegen Armut vor unserer Haustür, Gerechtigkeit schafft Frieden, Von jung bis alt – miteinander, Ökumene – gemeinsam in die Zukunft, Bistum Pilsen – auf gute Nachbarschaft, Miteinander – Bühne inklusiv.

Musik, Theater, Tanz und gute Stimmung prägten das Fest am Samstagabend. Auf den Bühnen in der Altstadt konnte man unter anderem die »Schulfreunde Müller« oder auch inklusive Musikgruppen live erleben.

Die Kollekten aller Gottesdienste während des Katholikentages kommen dem Verein SOLWODI Regensburg zugute, der sich besonders für Opfer von Menschenhandel und Zwangsprostitution einsetzt.

Eucharistiefeier zum Abschluss des Katholikentages

Hauptzelebrant
Reinhard Kardinal Marx,
Vorsitzender der Deutschen
Bischofskonferenz.

Hinein ins Leben!

Es ist gut, dass die Kirche eine vielfältige Gemeinschaft ist, in der unterschiedliche Formen der Frömmigkeit und des Engagements Platz finden. Diese Pluralität spiegelt sich auch auf den Katholikentagen wider. All diese unterschiedlichen Ansätze aber werden zusammengeführt im Glauben an Jesus Christus und in den gemeinsamen Gottesdiensten. Ziel aller Aktivitäten ist es, die Liebe Gottes zu verkünden und das Reich Gottes unter den Menschen aufscheinen zu lassen. Es kann keine Verkündigung des Evangeliums geben, wenn nicht die Brücke hin zu den Armen, Kranken und Schwachen geschlagen wird. Christ zu sein ist eine Herausforderung; niemand soll sich dafür schämen. Deshalb geht von Regensburg die Botschaft aus: Ja, ich bin Christ und ich bin es gerne.

Aus der Predigt von Reinhard Kardinal Marx

Leipziger laden ein
zum 100. Deutschen
Katholikentag 2016.

»Kommen Sie nach Leipzig, wir warten auf Sie!
Gehen Sie in den Osten Deutschlands. Sie werden
sich wundern, dass der liebe Gott dort längst da ist.«

Bischof Heiner Koch

20.000 Gottesdienstbesucher feierten gemeinsam Eucharistie.

ZdK-Präsident Alois Glück knüpfte mit seinem Dank an sein Fazit nach dem Abschlussgottesdienst an.

Am Empfang nahmen auch teil (v.l.n.r.): Landrätin Tanja Schweiger, Oberbürgermeister Joachim Wolbergs, ZdK-Präsident Alois Glück mit Ehefrau Katharina, Bischof Rudolf Voderholzer, Staatsminister Joachim Herrmann, Reinhard Kardinal Marx, Apostolischer Nuntius Nikola Eterovic, Dominik Kardinal Duka OP.

Staatsminister Joachim Herrmann würdigte den bewährten Brückenschlag zwischen Kirche und Staat, der durch die Veranstaltungen des Katholikentages in der Universität exemplarisch sichtbar wurde.

Das Jugendblasorchester St. Konrad gab der Veranstaltung ein musikalisch beschwingtes und junges Ambiente.

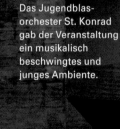

Empfang des Bistums zum Abschluss des Katholikentages

Der Aufbruch von Regensburg

»Das Fazit ist ganz klar: Die katholische Kirche ist wieder da, auch dank Papst Franziskus, der Mut zu einer neuen, solidarischen und dienenden Kirche macht. Nun wird es darauf ankommen, diesen Geist des Aufbruchs in den Alltag von Gemeinde und Gesellschaft wachzuhalten und in Taten umzusetzen. Der Boden dafür ist bestens bereitet.«

Karl Rüdiger Durth, evangelischer Pfarrer und Journalist

Bischof Rudolf Voderholzer bedankte sich herzlich bei den zahlreichen Engagierten. Er stellte mit Zufriedenheit fest, dass der Katholikentag von allen Seiten als ein besonderer und durchwegs gelungener Katholikentag wahrgenommen wurde. Auf den Vorschlag von Oberbürgermeister Wolbergs, einen »Immerwährenden Katholikentag« in Regensburg zu installieren, reagierte der Bischof mit einem Schmunzeln.

Im Gespräch mit Michaela Schmid hielten die erst seit wenigen Wochen amtierenden Kommunalpolitiker Landrätin Tanja Schweiger und Oberbürgermeister Joachim Wolbergs eine persönliche und äußerst positive Rückschau auf den Katholikentag.

ZENTRALE THEMEN

Die Offenbarung ist eine Person: Jesus Christus

Die Chorapsis der Kirche Peter und Paul auf dem Petersberg (Gemeinde Erdweg) veranschaulicht die Aussage von Dei Verbum: Christus, der zugleich Offenbarer und Offenbarter ist, wird eingerahmt, angebetet und bezeugt von der Kirche in Gestalt der beiden Apostel Petrus und Paulus. Darunter die Symbole der vier Evangelisten, die das Offenbarungsgeschehen schriftlich tradieren.
(Foto: Hans Schertl)

»Wort des lebendigen Gottes«, so lädt der Lektor die Gemeinde nach der Lesung in der hl. Messe zur Danksagung ein. Mit welchem Recht? Was macht die Bibel zur heiligen Schrift, ja mehr noch, zum Wort Gottes? Bischof Dr. Rudolf Voderholzer machte in Auslegung der Offenbarungskonstitution deutlich, dass die Offenbarung in der Person Jesus Christus der Schrift voraus geht. »Die Offenbarung ist größer als die hl. Schrift.« Die Bibel könne deshalb nur im Lebenszusammenhang der Kirche, der bleibenden Gegenwart Christi in der Welt, zum Wort Gottes werden. Gemeinsam mit der Tradition der Kirche ist die hl. Schrift wichtigste Vermittlungsinstanz für die Offenbarung. In ihr kann der Mensch dem lebendigen Christus begegnen. Das Christentum ist demnach keine Buchreligion, wie z. B. der Islam, sondern eine »Personreligion«.

Junger Bischof – junge Kirche?

Stefan Oster SDB, der neugeweihte Bischof der Nachbardiözese Passau diskutiert mit (v.l.n.r.) Andrea Glodek, Grundsatzreferentin im Erzbistum München und Freising, Theresa Unsinn, Gruppe God for you(th) und Msgr. Erwin Albrecht, Rundfunkbeauftragter beim BR. Die Moderation übernahm Harry Landauer. Bischof Oster wich auch unangenehmen Fragen nicht aus und konnte zeigen: die Beziehung zu Christus macht jung, die Kirche ist jung.

Mit Christus Brücken bauen

www.katholikentag.de

V.l.n.r.: Martin Kastler MdEP, Dr. Claudia Lücking-Michel MdB, ZdK-Vizepräsidentin, Moderator Bernhard Remmers, Bischof Dr. Rudolf Voderholzer, Susanne Bühl, Gemeinschaft Sant' Egidio, Prof. DDr. Klaus Müller, Münster.

»Weltchrist« statt »Laie«

Beim Podium zum Auftrag der Laien nach dem Zweiten Vatikanischen Konzil machte sich Bischof Rudolf Voderholzer dafür stark, dass die Lehre des Zweiten Vatikanischen Konzils über die Laien mit dem Begriff »Weltchrist« besser ausgedrückt wird: »Das Konzil wollte auf keinen Fall eine Klerikalisierung der Laien und eine Laisierung des Klerus, es betont vielmehr den Weltcharakter der Laien.«

Die Podiumsteilnehmer v.l.n.r.: Juri Köster, Freier Autor und Regisseur, Jan-Christoph Gerlich, Großneffe von Fritz Gerlich, Moderator Christoph Renzikowski und Bischof Rudolf Voderholzer.

Bischof Voderholzer begegnet zum ersten Mal dem Großneffen seines Vorbildes Fritz Michael Gerlich.

Fritz Gerlich

Publizist, NS-Gegner, Katholik – Radikaler Widerstand eines Journalisten gegen das NS-Regime

Fritz Gerlich
1883 bis 1934
Standhaft gegen Hitler

Literaturhinweis:

Fritz Gerlich (1883–1934).
Standhaft gegen Hitler, Informationsbroschüre mit Lebensdaten und Veranstaltungshinweisen sowie weiteren Lesetipps, mit Unterstützung der (Erz-)Bistümer München und Freising und Regensburg vom Sankt Michaelsbund produziert, 2014.

Ehrenamtlich Engagierte organisierten den großen Ansturm auf die Podiumsveranstaltungen und Vorträge.

67

Podium mit dem Bundespräsidenten: »Wie vie

Mit Bundespräsident Joachim Gauck
diskutierten (v.l.n.r.) der Religionsso-
ziologe Detlef Pollack, die Rabbinerin
Dalia Marx, Alois Glück, der Präsident
des ZdK, Petra Bahr, die Kulturbeauf-
tragte des Rates der EKD und der In-
tegrationsforscher Haci Halil Uslucan.
Bettina Schausten moderierte die
Veranstaltung.

Blick in das Auditorium maximum der Universität Regensburg.

eligion verträgt die säkulare Gesellschaft?«

»Kirche muss sich angesichts großer Veränderungen auch fragen: Welche Gaben hat uns der Heilige Geist gegeben, mit denen wir aktiv werden können in der heutigen Gesellschaft? Es ist eine Illusion, Gesellschaft ohne Engagement genießen zu können. Viele Menschen verzichten darauf, Verantwortung zu übernehmen und den großen Schatz der individuellen Möglichkeiten zu heben.«

Aus dem Impulsreferat des Bundespräsidenten Joachim Gauck

Podium mit der Bundeskanzlerin: »Hat die We

»Das Beispiel Europas zeigt –
ich glaube, das kann
vielleicht für andere auf
der Welt eine Verheißung
sein –: Keine Gräben
können so tief sein und
keine Mauern so hoch,
als dass man sie nicht
überwinden könnte.«

Aus dem Impulsreferat der
Bundeskanzlerin Angela Merkel

Auch die Ostbayerische
Technische Hochschule war
Schauplatz zahlreicher Podien
und Diskussionen.

och einen Platz für Europa?«

Gegen Menschenhandel und Zwangsprostitution

Eine Ausstellung des Katholischen Deutschen Frauenbundes Regensburg im Hauptbahnhof und weitere Veranstaltungen beleuchten das Thema Menschenhandel und Zwangsprostitution.

Vom Knastbruder
zum
Kardinal

Bei einem biographischen Gespräch gab Dominik Kardinal Duka OP aus Prag tiefe Einblicke in sein wechselvolles Leben. Das Gespräch in der Zeltkirche St. Nepomuk wurde moderiert von Michael Frank.

Die Teilnehmerinnen und Teilnehmer von v.l.n.r.: Alexandra Linder von der Aktion Lebensrecht für Alle, Sozialethiker Manfred Spieker, Sophia Kuby, Geschäftsführerin von European Dignity Watch, Moderatorin Claudia Nothelle, Doris Schiller, Leiterin der donum vitae Beratungsstelle Regensburg, Moraltheologe P. Josef Schuster SJ, Barbara Stamm MdL, Vizepräsidentin des Familienbundes der Katholiken (FDK).

Großer Andrang bei den Fragen zum Lebensschutz in der RT-Halle.

Der Schutz des ungeborenen Lebens als gemeinsame Aufgabe

»Es war ein Katholikentag des Dialogs. Es konnten sogar bisher abgebrochene Dialoge wieder aufgegriffen werden. Hier möchte ich ausdrücklich das Podium zum Lebensschutz nennen. Es sollten mit möglichst großer Kompetenz die Sachfragen diskutiert werden. Ich stelle zu meiner großen Freude fest, dass bei dem Podium als ein Ergebnis festgehalten wurde, dass es eine 90-prozentige Übereinstimmung im Handeln von Donum vitae und kirchlichen Beratungsstellen gibt. Auch wenn die restlichen 10 Prozent die besonders heiklen Fragen betreffen, können wir hier doch das Prinzip aus der Ökumene anwenden und das gemeinsam tun, was wir schon gemeinsam tun können. Zwei konkrete Vorschläge wurden hierzu gemacht: Gemeinsame Einforderung der gesetzlich vorgesehenen Evaluierung der staatlichen Abtreibungsregelung und die gemeinsame Teilnahme am Marsch für das Leben, um ein gemeinsames Zeugnis für den Lebensschutz zu geben.«

Bischof Rudolf Voderholzer

Christen bauen Brücken für die Zukunft in Myanmar

Seit vielen Jahren unterstützt das Bistum Regensburg ein Stipendienprogramm des Katholiken Akademischen Auslandsdiensts (KAAD) und der Assumption Universität in Bangkok. Mit einer Podiumsveranstaltung und als Thema auf dem Bistumsplatz wurde darüber und über die Herausforderungen der Christen in Myanmar informiert.

»Ökologie des Menschen«

Podium zu einer zentralen Fragestellung Benedikts XVI. bei seinem Deutschlandbesuch 2011 zur »Ökologie des Menschen« mit dem Neutestamentler Klaus Berger, der Psychotherapeutin Christa Meves, der Psychologin Consuelo Gräfin Ballestrem, dem Moraltheologen und Medizinethiker Matthias Beck, dem Moderator Alexander Kissler, dem Philosophen und Theologen Hans Otto Seitschek, Hedwig Freifrau von Beverfoerde, Sprecherin der Initiative Familienschutz, der Philosophin Hanna-Barbara Gerl-Falkovitz und dem Sozialethiker Manfred Spieker.

Bischof Rudolf Voderholzer:
»Gemeinsam feiern wir zahlreiche Gottesdienste und Prozessionen, die seit Jahren grenzübergreifend gefeiert werden. Mit dem Glauben, der uns alle verbindet, können wir gemeinsam am großen Haus Europa bauen«.

Bischof František Radkovský:
»Die innige Verbindung zwischen den Bistümern Pilsen und Regensburg hat kirchengeschichtliche Wurzeln. Denn als der hl. Wolfgang vor 1000 Jahren die Diözese Regensburg gegründet hat, gehörte auch das Gebiet rund um Pilsen dazu. Wir sind daher die Enkel von Regensburg und Regensburg kümmert sich um Pilsen, wie man auch sein eigenes Enkelkind hegt«.

Das gute Miteinander des Bistums Regensburg und seiner tschechischen Nachbarn wurde in besonderem Maße durch die aktive Beteiligung tschechischer Bischöfe, die Stände auf der Katholikentagsmeile und das vielfältige kulturelle Angebot deutlich.

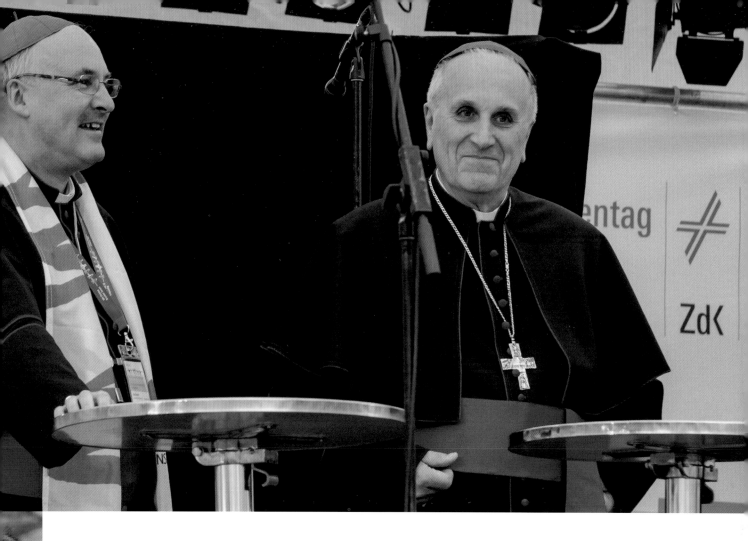

Den Frieden leben: Die Bistümer Regensburg und Pilsen

Als Thema auf dem Bistumsplatz, als Beitrag zum Fest am Samstagabend, bei Workshops, Podien und an vielen anderen Orten und Veranstaltungen: Tschechien und das Regensburger Partnerbistum Pilsen waren ein wichtiger Bestandteil des Katholikentages. Schon im Vorfeld wurde zweisprachig zum Katholikentag eingeladen und Bischof Voderholzer warb bei der tschechischen Bischofskonferenz für den Katholikentag. Höhepunkt war die gemeinsame Katholikentagswallfahrt nach Neukirchen beim Hl. Blut. Mit Dominik Kardinal Duka OP und Bischof František Radkovský waren die Bischöfe der »Bistumstochter« Prag und der »Bistumsenkelin« Pilsen vertreten – die beiden Diözesen waren einst Regensburger Bistumsgebiet und wurden 973 vom hl. Wolfgang in die kirchliche Eigenständigkeit entlassen.

Literaturhinweis:

Ludék Krčmář,
Pilgern ist »in«.
Wallfahrtsorte und
Gebetsstätten der
Diözese Pilsen
hg. v. Bischöflichen Ordinariat
Pilsen, aus dem Tschechischen
übersetzt v. Michael Fuchs,
2. dt. Aufl. Pilsen 2014.

Ein aktuelles Thema auf der Caritasbühne: Die Designerdroge »Crystal Meth« als gemeinsame Herausforderung in Bayern und Tschechien (v.l.n.r.: Moderator Nikolas Fischer, Leiter der Kripo Weiden/Opf., Thomas Bauer, Leiter der Caritas-Suchtambulanz Weiden/Opf., Gerhard Krones).

Ein besonderer Gast: der Vorsitzende der tschechischen Bischofskonferenz und Erzbischof von Prag, Dominik Kardinal Duka OP.

Auch die junge Acker-
manngemeinde war mit
verschiedenen Aktionen
vertreten.

»Cechis ... Ganc ajnfach?«

DOBRIE
DEN

SCHLAGLICHTER AUF DEN KATHOLIKENTAG

»Halle überfüllt«,
nicht nur in
der Basilika
St. Emmeram.

Platz überfüllt

Nightfever der
Jugend 2000 mit
eucharistischer
Anbetung.

NIGHTF

Gebete und Gottesdienste

»Gottesdienste stehen für Gottes Dienst an uns. In der Vielfalt der Formen geben sie den Gläubigen die Gelegenheit, auf diesen Dienst dankbar zu antworten. Sie laden dazu ein, zusammenzukommen und in der Stille des Gebetes oder im gemeinsamen Beten und Singen, aus dem Gedanken der Sendung in die Welt, Brücken zu bauen zwischen den Menschen und zu Gott. Geistliche Gemeinschaften, katholische Verbände und Initiativen bringen ihre Erfahrungen und Anliegen in die feiernde Gemeinschaft des Katholikentages ein. Einige Gottesdienste wenden sich an Menschen in speziellen Lebenssituationen. Die Kirchen der Stadt öffnen vom frühen Morgen bis in die späte Nacht ihre Türen in ökumenischer Gastfreundschaft.«

Aus dem Programmheft des Katholikentages

Abendlob zum Fest
Christi Himmelfahrt im
byzantinischen Ritus in der
Basilika St. Emmeram mit
Patriarch Gregorios III.,
Damaskus/Syrien.

Katholikentags-
teilnehmer während
einer Anbetungsstunde
in der Stiftskirche
St. Johann.

In der Niedermünsterkirche
beendeten Gläubige einen
weiteren ereignisreichen
»Katholiken«-Tag mit dem
gemeinsamen Nachtgebet.

Musik des Windes:
Lebendige Tauben im
Gottesdienst der Pfarrkirche
Herz Jesu.

Monastische Gemeinschaften von Jerusalem

Gebet ist glühender Kern des Katholikentages

Bleiben wir bei diesem wunderbaren Wort »viel Volk, ein großes Volk gehört mir in dieser Stadt« (Apg 18,10). Das Christentum, liebe Schwestern und Brüder, hat sich in den Städten ausgebreitet und ist von den Städten her gewachsen. Aber die Städte machen uns Sorgen! Sie werden zunehmend von den Folgen der Säkularisierung betroffen und dort, wo der Bischofsstuhl steht und wo die Kathedrale steht, beginnt der Glaube in den Herzen vieler Menschen schwach zu werden.

Genau in diese Situation hinein, liebe Schwestern und Brüder, spricht das Charisma der Monastischen Gemeinschaft von Jerusalem. Wenn ich sie richtig verstanden habe und die Schriften ihres Gründers Pierre-Marie Delfieux richtig verstehe – ich habe ihn in Paris kennenlernen dürfen – hat er gespürt, die Städte sind die neuen Wüsten der Gegenwart. Die Städte, vor allem die großen Metropolen sind über manche Strecke hin schon Orte der Gottvergessenheit geworden. Und wo Gott vergessen wird, dort wird auch der Mensch irgendwo einsam, haltlos und ohne Heimat. So ist er in die Wüste gezogen erst einmal um in die große Tradition der Wüstenväter einzutreten, um seinen eigenen Weg reinigen zu lassen, sich selber formen zu lassen als ein Mönch, der glüht vor Gottesliebe und der auf diese Weise strahlt und etwas weitergeben kann in einer anderen Wüste. Er ist dem Ruf gefolgt wieder zurück nach Paris, um dort Schwestern und Brüder zu sammeln, um in der Wüste der Großstadt den Gebetsteppich auszurollen, um mit seinen Schwestern und Brüdern, die durch eine Halbtagsarbeit am Lebensgeschehen in der Großstadt teilnehmen, den Menschen aber gleichzeitig den Himmel offenhalten, indem sie sie einladen, in der anderen Hälfte ihrer Arbeitszeit, sozusagen betend, betrachtend, den Himmel offen zu halten. Ich durfte erleben, in welch bezaubernder Weise und mit welch geistlichem Charme sowohl in Paris als auch in Köln, in Vezelay, in Straßburg und in Rom der Gebetsteppich ausgerollt wird und für viele Menschen zu einer spirituellen Quelle wird. Das hilft, den Tag geistlich zu gestalten, zur Ruhe zu kommen und die Mitte wieder zu finden.

Ich danke an dieser Stelle noch einmal Euch, liebe Schwestern und Brüder der Monastischen Gemeinschaften von Jerusalem, dass Ihr für ein paar Tage Eure Stadt Köln zurückgelassen habt und in die Stadt Regensburg gekommen seid. Viele andere Gemeinschaften sind auch hierher gekommen und bilden zusammen mit Eurem Gebet den glühenden Kern des Katholikentages. Ich danke dafür, dass Ihr und die vielen anderen Beterinnen und Beter den Katholikentag sozusagen mit ins Gebet nehmt, damit all die vielen Veranstaltungen, Diskussionsforen, Vorträge, das kulturelle Programm seine Mitte hat und dass auch früh, mittags und abends Orte da sind, wo die Menschen sich zum Gebet versammeln und ihr Herz zu Gott erheben können.

Aus der Predigt von Bischof Rudolf bei der Pontifikalmesse mit den Monastischen Gemeinschaften von Jerusalem

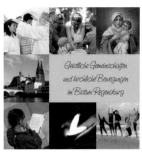

Literaturhinweis:

Geistliche Gemeinschaften und kirchliche Bewegungen im Bistum Regensburg.
Informationsbroschüre des Gesprächskreises geistlicher Gemeinschaften und kirchlicher Bewegungen,
3. aus Anlass des Katholikentages überarb. Aufl. 2014.

Information:

Als katholische Gemeinschaften vereinen die Monastischen Gemeinschaften von Jerusalem in jeweils zwei Instituten geweihten Lebens Brüder und Schwestern, deren spezifische Berufung darin besteht, in der »Wüste der Stadt« Oasen des Gebets, der Stille und des Friedens zu schaffen. Sie wurden an Allerheiligen 1975 in Paris mit Unterstützung des damaligen Erzbischofs François Marty gegründet.
Heute sind die Gemeinschaften vertreten in Paris, Vézelay, Straßburg, auf dem Mont-Saint-Michel, darüber hinaus in Brüssel, Montreal, Florenz, Rom, Warschau und Köln.

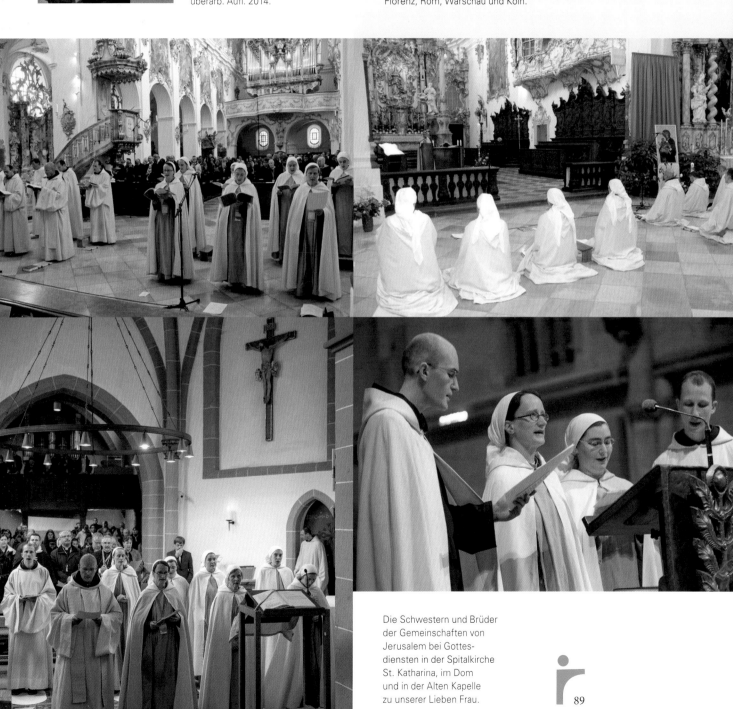

Die Schwestern und Brüder der Gemeinschaften von Jerusalem bei Gottesdiensten in der Spitalkirche St. Katharina, im Dom und in der Alten Kapelle zu unserer Lieben Frau.

Die Katholikentagsmeile

Die Katholikentagsmeile zeigt die Vielfalt des kirchlichen Lebens und
Engagements in Verbänden, diözesanen Laiengremien, Geistlichen
Gemeinschaften, Orden, kirchlichen Institutionen und Initiativen.
Unter freiem Himmel vermittelt sie mit ca. 280 Ständen Katholikentags-
atmosphäre und dokumentiert die gesamte Breite des Engagements,
das Katholikinnen und Katholiken in Gesellschaft und Kirche entfalten.
Vom erfahrenen Katholikentagsteilnehmer bis hin zum Regensburg-
Touristen: Kirche spricht alle an!

How do you say

Mit Christus Br

Mitmachen · Austausch · Flanieren · Begegnung · Gedränge · Information

Brücke zwischen Sichtbarem und Unsichtbarem

36 Kunstpositionen setzten sich mit dem Brückenschlag zwischen Mensch und Gott, zwischen Himmel und Erde, zwischen Zeit und Ewigkeit auseinander. In vier Ausstellungen gaben Künstler aus Europa zeitgenössische Antworten auf Fragen des Seins – in Skulpturen, Gemälden, Zeichnungen, Raum-, Video- und Lichtinstallationen sowie Performances. Glaube und Zweifel, Ethik und Ästhetik begegneten sich im ehemaligen Kloster St. Klara, in der gotischen Dominikanerkirche St. Blasius, in den historischen Räumen des Diözesanmuseums und im Donau-Einkaufszentrum in herausfordernden Werken.

TheatronToKosmo,
Gekreuzte Körper,
Performance, 2014
(Museum
Obermünster).

Künstler zeigten in der gotischen Dominikanerkirche St. Blasius Bilder von Himmel und Erde, Himmelsbilder zwischen Sichtbarem und Unsichtbarem.

Judith Wagner,
Die nach den Sternen greift,
Gips bemalt, 2008
(Dominikanerkirche).

Ausstellungen

Alois Öllinger/Ulrich Schreiber,
Und die Erde steht nicht still,
Installation, 2014 (Dominikanerkirche).

Markus Lüpertz,
St. Sebastian,
Bronze bemalt,
1987 (Museum
Obermünster).

Im Museum
Obermünster
fordert eine Figur
des Geißelheilands
heraus. Künstler
wurden eingeladen,
auf diese Bildsprache zu
reagieren. Sie setzten sich mit
Jesus in seiner Körperlichkeit
und der damit verbundenen
Menschlichkeit Christi auseinander und gaben zeitgenössische
Antworten.

Geißelheiland
(Christus an der Geißelsäule),
um 1760/70 (Museum
Obermünster).

MERVE, Landschaften eines Stillstands,
Installation, 2011-2014 (St. Klara).

Anne Pincus,
Parachute Love,
Installation, 2006/2014
(Dominikanerkirche).

Michael Triegel,
Kreuzabnahme,
Mischtechnik auf
Maltafel, 2013 (Museum
Obermünster).

Literaturhinweis:

Gegenüberstellung.
Brücke zwischen Sichtbarem und Unsichtbarem.
Ausstellungen zum 99. Deutschen Katholikentag 2014
in Regensburg (= Kunstsammlungen des Bistums
Regensburg, Diözesanmuseum Regensburg,
Kataloge und Schriften, Band 44, hg. v. Bischöflichen
Ordinariat Regensburg / Kunstsammlungen des Bistums
Regensburg, Leitung Dr. Hermann Reidel)
Schnell & Steiner: Regensburg 2014.

Wie offenbart sich Göttliches im Raum und im Leben der Menschen? Künstler deuten im Donau-Einkaufszentrum in ihren Werken die Wirklichkeit jenseits dessen, was die Sinne erfassen.

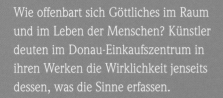

Alois Achatz, Schon in der Nacht sah ich das Licht, Installation, 2014.
Djawid C. Borower, Picture of God, Öl auf Leinwand, 2013
Die Falten der Seele und die Falten der Materie, Lack/Kunstharz auf Leinwand, 2013
(beide Donau-Einkaufszentrum).

Jutta Rohwerder,
Elseben, Blei,
2005/2008/2014
(St. Klara).

Eduard Winkelhofer, Ohne Titel,
1995/2014 (St. Klara).

Die Grundvorgänge unseres Daseins –
Beziehungen, Schmerz, Liebe, Tod – stehen
als das Verbindende von künstlerischer
Arbeit und dem reflektierenden Christsein.
Im ehemaligen Oratoriumsbau von St.
Klara und in der Kirche St. Matthias gaben
Künstler diesen Bedürfnissen und Ungewiss-
heiten Ausdruck.

Literatur-schiff

Eine schwimmende Literatur-Arche auf der Donau: Beim Katholikentag präsentierten Autoren von nah und fern Literatur vom Feinsten. Mit Harald Grill, Helmut Hoehn, Matthias Kneip, Carola Kupfer, Gangaamaa Purevdorj, Siegfried Schüller, Andreas Maier, Sibylle Lewitscharoff, Ulrike Draesner, SAID, Reiner Kunze, Arnold Stadler und anderen.

Literaturhinweis:

Erich Garhammer (Hg.),
Literatur im Fluss.
Brücken zwischen Poesie und Religion,
Verlag Friedrich Pustet:
Regensburg 2014.

Arnold Stadler liest auf der MS Gloria aus seinen Werken.

»Das Leben ist zum
Verrücktwerden
schön«: Schauspie-
lerin Eva Sixt liest
böhmisch-deutsche
Geschichten.

Klingender
Katholikentag

»Freuen Sie sich auf einen klingenden Katholikentag, der sich auf die große Musik-
tradition Regensburgs bezieht. Sie kommt vor allem in der engagierten Beteiligung
der Domspatzen und der Dozenten und Studierenden der Kirchenmusikhochschule,
nicht zuletzt auch in einem eigenen Katholikentagslied zum Ausdruck sowie in den
vielen Konzerten einschließlich der großen Glockenklangwolke am Samstagabend.«

Bischof Rudolf Voderholzer bei der Eröffnungs-Pressekonferenz

Konzertreihen im Dom St. Peter, in St. Andreas, in St. Emmeram und in der Dominikanerkirche St. Blasius, eine Nacht der Musik, Open-Air-Konzerte in der Ruine Obermünster, ein Carrilion-Konzert auf der Donau und das große Glockenkonzert »Ring of the bell – Ein Regensburger Glocken-Te Deum«: Regensburg präsentierte einen klingenden Katholikentag.

Der Katholikentag ist neben den tiefen gesellschafts-
politischen Debatten, Diskussionen und Gesprächen
auch ein Fest des Glaubens, das sich in der Feier der
Liturgie und in der Feier des Lebens äußert. Und zu
einer Feier, zu einem Fest gehört vor allem Freude und
Fröhlichkeit. Musik, Theater, Tanz, Kabarett, Film –
alles eignet sich als Weg, der die Menschen näher zu
Gott bringen kann. Papst Franziskus hat ja der Freude ein eigenes Apostolisches Schreiben gewidmet,
Evangelii Gaudium: »Es ist die Freude, die man in den
kleinen Dingen des Alltags erlebt, als Antwort auf die
liebevolle Einladung Gottes, unseres Vaters.«

Musik – Theater – Kleinkunst

»Der Katholikentag ist keine humorfreie
Zone und das Kulturprogramm ist nicht
schmuckes Beiwerk, sondern eine
Chance für die Kirche.«

Domkapitular Thomas Pinzer bei der Vorstellung
des Kulturprogramms

Die Wise Guys sind
deutschlandweit die erfolg-
reichste Vokal-Pop-Band
und lockten 8.000 Fans ins
Leichtathletikstadion der
Universität Regensburg.
Für das Vokalensemble ist
es nicht der erste Auftritt
auf einem Katholikentag.
Soziales Engagement liegt
ihm am Herzen.

Die Jugendlichen des Cantemus-Chores Regensburg, der Pilsener Kinderchor und das Pilsener Jugendkammerorchester führten die zweisprachige Oper im Antonius-Haus auf.

Brundibár von Hans Krása war 1938 ursprünglich als Beitrag für einen Wettbewerb des tschechoslowakischen Kultusministeriums entstanden. Traurige Berühmtheit erlangte die bezaubernde Kinderoper durch das Konzentrationslager Theresienstadt, wo sie über 50 Mal aufgeführt wurde. Die Geschichte von Aninka und Pepicek schenkte den gefangenen Kindern Freude und neue Hoffnung und erinnerte sie an ein normales Leben.

Brundibár – Oper der Hoffnung

Von Mariaort zur Alten Kapelle: Altöttingwallfahrer auf dem Weg

»Die Diözesanfußwallfahrt nach Altötting ist ein pilgernder Katholikentag. Beides ist eine Gebetsschule, eine Katechese mit vielen Anregungen und eine Motivation, den Glauben umzusetzen in den Familien, am Arbeitsplatz und in der Schule. Sie helfen, Brücken zu bauen mit und auch für Christus hinein in unseren Alltag und in die vielen Lebenswelten.«

Aus der Predigt von Bischof Rudolf Voderholzer zum Abschluss der 185. Regensburger Diözesanfußwallfahrt in Altötting am 10.06.2014.

Wallfahrten und Pilgerwege

Zu den Besonderheiten des Regensburger Katholikentages zählten verschiedene Wallfahrten. Auch ungewöhnliche Angebote luden ein, gehend und betend unterwegs zu sein auf einem Regensburger Heiligenweg, einem nichtalltäglichen Kirchenweg, auf Pilgerwegen »Die Sorgen liegen auf der Straße«, »Auf den Spuren der Jakobspilger«, »Beten mit den Füßen« und »Auf den Spuren von Papst Benedikt XVI.« Pilgernd waren auch Radfahrer unter anderem von Pilsen nach Regensburg unterwegs, mit dem Schiff kam eine Wallfahrtsgruppe aus dem Bistum Eichstätt und eine große Gruppe von Altöttingwallfahrern machte sich von Mariaort zur Alten Kapelle auf den Weg, wo seit 1000 Jahren eine Marienikone als Gnadenbild verehrt wird. Höhepunkt war die Katholikentagswallfahrt nach Neukirchen beim Heiligen Blut, bei der etwa 3.000 Tschechen und Deutsche mit den Bischöfen Radkovský und Voderholzer gemeinsam die hl. Messe feierten (s. S. 46 f.).

Literaturhinweis:

Brücke zum Wunderbaren.
Von Wallfahrten und Glaubensbildern.
Ausdrucksformen der Frömmigkeit
in Ostbayern, hg. v. Klemens Unger,
Karin Geiger und Sabine Tausch
(= Begleitband zur Ausstellung im
Historischen Museum der Stadt
Regensburg vom 15. April bis 6. Juli),
Schnell & Steiner: Regensburg 2014.

Der Jakobsweg als tschechisch-ostbayerische Brücke

Anlässlich des Katholikentages präsentierte die Katholische Erwachsenenbildung
Regensburg fotografische Impressionen des grenzüberschreitenden Jakobsweges.

Schiffswallfahrt der Diözese Eichstätt

Per Schiff machten sich Eichstätter Katholikentagteilnehmer mit ihrem Bischof Gregor Maria Hanke auf Altmühl und Donau auf den Weg nach Regensburg.

Pilgern per Rad zum Katholikentag

Schon zum 18. Mal fand die traditionelle Radtour der katholischen Pfadfinderinnen und Pfadfinder aus Pilsen und Regensburg unter dem Motto »Verbindung (er)fahren – Hledejme cesty« statt. Ablauf und Gestaltung wurden aus Anlass des Katholikentages wesentlich verändert und die Radtour damit zu einer Pilgerfahrt erweitert. Auch aus Mannheim, dem Veranstaltungsort des 98. Deutschen Katholikentages, machten sich Radpilger auf den Weg in die Stadt an der Donau.

Der Bistumsplatz

Im Herzen der Stadt, auf einem ihrer ältesten Plätze, dem Haidplatz, präsentierte sich das gastgebende Bistum Regensburg. Die Besucher konnten sich anhand einer Open-Air-Ausstellung mit neun thematischen Stelen zu folgenden Schwerpunkten informieren: Caritas – Asyl, Bayern und Böhmen, Glaubenszeugnis in bedrängter Zeit, Heilige und Selige des Bistums, Kirchen-

musik, Orden und geistliche Gemeinschaften, kirchliche Schulen, Wallfahrten und Weltkirche. Das Bühnenprogramm griff diese Schwerpunkte in vielfältigen Darbietungsformen auf. Die im Diözesankomitee zusammengeschlossenen Verbände und Gemeinschaften stellten das breite Spektrum ihres Wirkens mit einer »Brückenskulptur« vor. Mitarbeiterinnen und Mitarbeiter sowie ehrenamtlich Engagierte luden zum Austausch und Gespräch ein.

Literaturhinweis:

Verfolgung und Widerstand im »Dritten Reich« im Bistum Regensburg.
Blutzeugen des Glaubens, hg. v. Bischöflichen Ordinariat Regensburg, 2. akt. u. erw. Aufl., Schnell & Steiner: Regensburg 2014.

ZENTRUM

Walking Ball

Goethe-Gymnasium

Jugendkirche l!fe:
ein ErLEBENsort von Fülle
und Tiefe, Grenzen und Sinn.

JUGEND

Vom Hochseilgarten zur »Spiri-Jurte«, vom Rollstuhl-Parcour bis zur Chill-out-area, von der spirituellen Geocaching-Schatzsuche bis hin zur Handy-Ladestation, vom Weihrauchlabor zum Walking Ball, vom ignatianischen Abendausstieg zum Menschenkicker, vom Podium »We feed the world« bis hin zur Werkstatt »Sag Nein zu Crystal & Co!«: das Zentrum Jugend beim Katholikentag.

Das ehemalige Wohnhaus von Joseph Ratzinger in Pentling bildete den Höhepunkt im Rahmen des Pilgerweges »Auf den Spuren von Papst Benedikt XVI.«.

Institut Papst Benedikt XVI.

Auf den Spuren von Joseph Ratzinger

Das Institut Papst Benedikt XVI. beteiligte sich am Programm des Katholikentages mit einer Ausstellung über das Leben Benedikts XVI., Lektüreseminaren zur Theologie Joseph Ratzingers und Führungen auf den Spuren Benedikts XVI. in Regensburg. Der Weg führte auch nach Pentling zu seinem ehemaligen Wohnhaus, das heute ein Dokumentations- und Begegnungszentrum ist.

Literaturhinweis:

Institut Papst Benedikt XVI.,
Informationsbroschüre über das Institut,
Neuausgabe anlässlich des Katholikentages,
Regensburg 2014.

Lektüreseminare in Zusammenarbeit mit dem »Neuen Schülerkreis« gaben Einblick in das theologische Denken Joseph Ratzingers.

Auch der Apostolische Nuntius Erzbischof Nikola Eterovic stattete dem Institut einen Antrittsbesuch ab. Sein Vorgänger, Erzbischof Jean-Claude Périsset, hatte im Oktober 2008 die Einrichtung feierlich eröffnet.

Benedikt XVI. beauftragte im Jahr 2007 den damaligen Regensburger Bischof Gerhard Ludwig Müller mit der Herausgabe seines theologischen Werkes. Zur wissenschaftlichen Betreuung des Editions-Projektes gründete Bischof Müller im Jahr 2008 das Institut Papst Benedikt XVI. Aufgabe des Instituts ist es, eine Spezialbibliothek, sowie ein Bild- und Tonarchiv zu Joseph Ratzinger/Papst Benedikt XVI. aufzubauen. Neben der Herausgabe der Schriften Joseph Ratzingers soll auch die Rezeption seiner Theologie gefördert werden. Seit 2010 betreut das Institut auch das »Papst-Haus« in Pentling, das sich Joseph Ratzinger 1969/70 vor den Toren Regensburgs in der Nähe der Universität gebaut, von 1970 bis 1977 als Professor bewohnt und auch später als Refugium genutzt hatte.

Im Foyer des Priesterseminars bot sich den Besuchern eine Ausstellung zum Thema »Den eigentlichen Glaubenskern freilegen. Joseph Ratzinger – Benedikt XVI. – Ein Papst aus Deutschland«, die zusammen mit dem Erzbistum Köln konzipiert wurde.

Blick auf das Caritas-Dorf.

Bewegung mit Herz und Musik: rhythmische Tanzschritte zu geistlichen Liedern mit der Seniorentanzgruppe »Hüftschwung al Senior!«.

Veeh-Harfen-Konzert der Harfengruppe »Trotzdem«.

Kunst ist ... Anderen Freude zu machen! Der Fußmaler Günther Holzapfel begeisterte auf der Bühne.

Verteilung der Schnippel-Disko-Suppe.

Caritas-Bühne

Mitten in Regensburg, mitten im Leben stand die Caritas-Bühne auf dem Neupfarrplatz. Menschen aus aller Welt, mit und ohne Behinderung, aus den unterschiedlichsten Lebenssituationen gestalteten das dreitägige Programm. Sie überzeugten mit Kreativität und Lebendigkeit. Sie meldeten sich gesellschafts- und sozialpolitisch zu Wort und bauten damit Brücken für mehr Solidarität in der Welt und in unserer Gesellschaft.

Bekannte Gesichter auch bei der Caritas: Bundeskanzlerin Angela Merkel, Pater Anselm Grün OSB, die bayerische Sozialministerin Emilia Müller, Bischof Rudolf Voderholzer und Diözesancaritasdirektor Roland Batz.

125

Regensburg, UNESCO-Welterbe: In den
engen Gassen mit ihren kleinen Läden,
auf den Plätzen mit den Straßencafés
und Marktständen und in den vielen
Parks pulsierte während des Katholikentages das Leben. Die Vielzahl kleinerer
Veranstaltungsorte, die im gesamten
Stadtgebiet und im Umland verteilt
waren, gaben dem Katholikentag ein
Regensburger Gesicht.

Kirchen,
Gassen,
Plätze . . .

*»Ich freue mich also
sehr bei Ihnen hier in
Regensburg zu sein. Ob
es nun regnet oder die
Sonne scheint, es bleibt
eh eine der schönsten
Städte unseres Landes.«*

Bundespräsident Joachim Gauck,
Grußwort zur Eröffnung des Katholikentages

Rechtzeitig zum Katholikentag erhielt das Denkmal von Johann Michael Sailer, Bischof von Regensburg von 1829 bis 1832, seinen angestammten Platz auf dem Emmeramsplatz zurück. Bischof Rudolf stellte den Regensburger Katholikentag unter das Patronat Sailers. Dieser war Priester, Professor und Schriftsteller, Inspirator der Bibelbewegung und Pionier der Ökumene – aber bei alledem vor allem ein wahrer Brückenbauer seiner Zeit.

Literaturhinweise:

Johann Michael Sailer als Brückenbauer.
Festgabe zum 99. Katholikentag 2014 in Regensburg, hg. v. Konrad Baumgartner und Rudolf Voderholzer (= Beiträge zur Geschichte des Bistums Regensburg, Beiband 22), Regensburg 2014.

Domspatzen, Bischofshof und Heiligengräber.
Zwei Jahrtausende Christentum in Regensburg. Ein Beitrag zum Katholikentag 2014 in Regensburg von Verlag Schnell & Steiner GmbH und Erhardi Druck GmbH, hg. v. Klaus Unterburger und Karl Hausberger, Regensburg 2014.

Kirchenweg der Moderne.
12 neue Sakralbauten in Regensburg (1924–2004), hg. v. Innenstadtseelsorge DOMPLATZ 5 Regensburg und Diözesanmuseum Regensburg, 2014.

Eine besondere Herausforderung in Regensburg stellte der barrierefreie Zugang zu den Veranstaltungsorten in der Altstadt dar. Die Firma Labora, eine Einrichtung der Katholischen Jugendfürsorge im Bistum Regensburg, hat für den Katholikentag mobile Rampen bauen lassen. Damit konnten Barrieren für Rollstuhlfahrer überwunden werden.

ZAHLEN
DATEN
FAKTEN

Teilnehmer

Regensburg bringe Rückenwind und Zuversicht für die Katholiken, so Reinhard Kardinal Marx bei der Abschlusspressekonferenz des Katholikentages. Das wurde unter anderem durch das breite Interesse der Teilnehmenden deutlich. Mehr als 33.000 Menschen waren von Mittwoch bis Sonntag als Dauerteilnehmer in der Stadt an der Donau, 1.100 davon kamen aus dem Ausland. Zusätzlich nahmen ca. 20.000 Gäste tagesweise am vielseitigen Programm teil. Darüber hinaus nutzten tausende Besucher das frei zugängliche Angebot des Katholikentages (Gottesdienste, Katholikentagsmeile und Bühnenprogramm). Der Katholikentag, der sich in Regensburg wieder stärker als geistliches Ereignis gezeigt hat, sprach nicht nur Katholiken an, sondern auch evangelische Christen, die ca. 9 % der Teilnehmenden ausmachten. Ein Drittel der Besucher war unter 30 Jahre alt und gab der Veranstaltung ein junges Gesicht. Besonders erfreulich: die Nachbardiözesen von Regensburg nahmen die Veranstaltung durchaus als bayerischen Katholikentag wahr und stellten mehr als ein Drittel der Dauerbesucher. Zum Teil wurden damit die bisherigen Zahlen verzehnfacht. Das Interesse und die Beteiligung der Regensburger Bistumsangehörigen an »ihrer« Veranstaltung waren mit mehr als 8.000 Besuchern deutlich spürbar.

Finanzierung

Der Katholikentag mit seinem vielseitigen Angebot von mehr als 1.000 Veranstaltungen setzte ca. 8.600.000 Euro um. Ein Drittel der Gelder wurde durch öffentliche Zuschüsse abgedeckt, die von Bund, Land und Stadt sowie Landkreis zur Verfügung gestellt wurden. Ein weiteres Drittel stammt aus kirchlichen Zuschüssen, wobei die gastgebende Diözese davon den Großteil übernahm. Projektzuschüsse, Teilnehmerbeiträge und Erträge aus Shop und Fundraising bildeten das letzte Drittel zur kostendeckenden Finanzierung der bundesweiten Großveranstaltung.

Literaturhinweis: Dokumentation des 99. Deutschen Katholikentages in Regensburg 2014, hg. v. Zentralkomitee der deutschen Katholiken, erscheint voraussichtlich im Herbst 2015.

Sonstige Zahlen und Fakten

Über 100 Gottesdienste boten die Möglichkeit zum Gebet: Tagzeitenliturgien, Segensfeiern, ökumenische Angebote oder auch Eucharistiefeiern brachten die Vielfalt der liturgischen Angebote zum Ausdruck. Rund 1.200 Mitwirkende, Bischöfe, Musiker, Ministranten und Fahnenträger gestalteten die zentralen Eucharistiefeiern an Christi Himmelfahrt und zum Abschluss des Katholikentages mit jeweils rund 20.000 Mitfeiernden. Das ehrenamtliche Engagement der mehr als 2.000 Helferinnen und Helfer war beeindruckend. Knapp ein Viertel der Helfenden kam aus dem Bistum Regensburg. Für alle Helfer und Mitwirkenden standen über 27.000 Liter Mineralwasser und Apfelsaftschorle bereit. Dazu gab es Motivationsverpflegung in Form von 10.000 Packungen Keksen, 2.000 Schokoriegeln und 3.500 Äpfel und Bananen. Die Suche nach Privatquartieren in Regensburg und Umgebung unterstützten 350 Ehrenamtliche, die unter anderem mit 70.000 Handzetteln und 45.000 Quartiermeldekarten für Gastfreundschaft warben. In den 32 Gemeinschaftsquartieren wurde die Frühstücksversorgung der Gäste mit 43.000 Semmeln, 3.500 Litern Milch, 850 Kilo Käse, 850 Kilo Wurst und 800 Kilo Müsli sichergestellt.

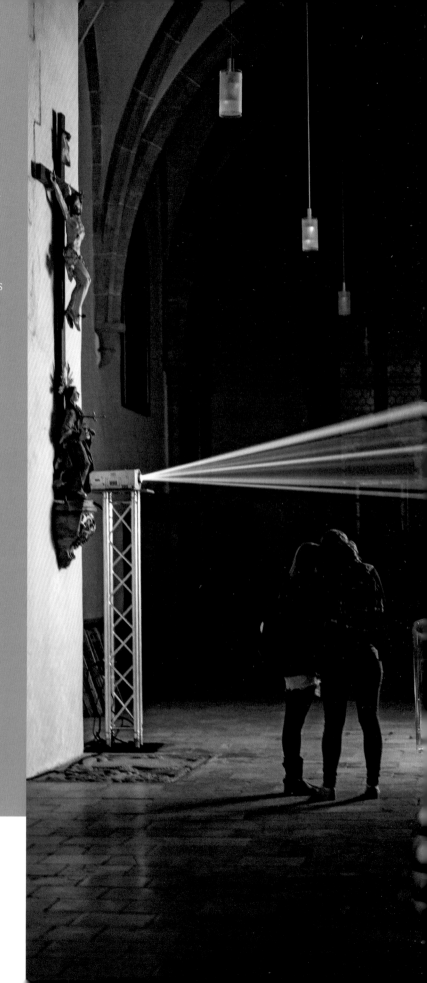

Das gastgebende Bistum

Das Bistum Regensburg ist mit 14.665 Quadrat-
kilometern die flächenmäßig größte Diözese
Bayerns und eines der ältesten Bistümer Deutschlands. Mehr als 1.000 Priester sind in der Seelsorge
für 1.200.000 Katholiken aktiv. In 52 katholischen
Verbänden und Geistlichen Gemeinschaften sind im
Bistum 250.000 Gläubige organisiert. Das Dom-
spatzenschulzentrum ist eine von 64 kirchlichen
Schulen im Bistum für insgesamt 20.000 Schüler.
An der Hochschule für Katholische Kirchenmusik
und Musikpädagogik studieren derzeit 90 ange-
hende Kirchenmusiker. Das Institut Papst Benedikt
XVI. erarbeitet die Edition der gesammelten Schriften Josef Ratzingers in 16 Bänden. Papst Benedikt
XVI. machte 2006 vier Tage Station in Regensburg,
wo er von 1969–1976 an der Universität lehrte.
250.000 Pilger feierten gemeinsam mit dem Papst
die Heilige Messe auf dem Islinger Feld.

Mitwirkende · Helfer

Bertin Abbenhues · Evelin Achhammer · Stephan Acht · Susanne Achter · Sebastian Aichner · Andreas Albert · Thomas Albertin · Erwin Albrecht · Ursula Alder-Müller · Michael Alkofer · Joerg Altenrath · Veronika Alz · Johann Amann · Annemarie Amann · Hubert Amann · Jose Ammer · Gabi Antesberger · Maria Apfelbeck · Maximilian Auburger · Walter Bachhuber · Agnes Bachmann · Stefan Baier · Judith Baierl · Claudia Balk · Roland Batz · Karl Bauer · Gabi Bauer · Sabine Bauer · Henriette Bauer · Johann Bauer · Maria Baumann · Reinhard Baumer · Doris Bäuml · Marianne Bäumler · Ivona Bayer · Bernhard Beer · Philomena Beer · Martin Beiderbeck · Herrmann Berger · Andre Bergner · Claudia Berzl · Rudi Berzl · Simone Berzl · Felix Biebl · Andreas Bielmeier · Evelyn Billinger · Angelika Blank · Martin Bleicher · Alfred Blischke · Friedrich Böhm · Reinhard Böhm · Eva Bölli · Heinrich Börner · Magdalena Bogner · Theodor Bolzenius · Ev Brandl · Marianne Brandl · Wilma Brandl-Hanke · Winfried Brandmeier · Johann Bräuer · Eva Bräuer · Martin Braun · Bettin Braun · Christoph Braun · Heidi Braun · Eva Braun-Meier · Gabi Brinkmann · Michael Brüsselbach · Josef Brunner · Conny Büchl · Gerhard Büchl · Roland Büchner · Karl-Peter Büttner · Ulrike Buck · Bernhard Buckenleib · Birte Burgänger · Christian Burkhardt · Monic Cerna · Helga Christoph · Werner Chrobak · Claus-Peter Chrt · Anja Daffner · Michael Danninger · Marion David · Bernadette Dechant · Frit Dechant · Krzysztof Dedek · Elisabeth Deffaa · Marina Degenkolb · Lydia Deinhard · Vanessa Derpmann · Monika Dick · Franz Dietl · Kerstin Dietzinger · Reinhard Dillinger · Sonja Dimmelmeier · Raymond Dittrich · Renate Dommer · Josef Dommer · Anneliese Donhauser · Stefan Dorfner · Christian Dostal · Ottmar Dostal · Michael Dreßel · Erwin Drexler · Johannes Drexler · Maria Dünzinger · Ulrike Duschl · Sabin Ebeling · Christoph Ebner · Carolin Eckert · Thomas Eckert · Hermann Josef Eckl · Elisabeth Eder · Jürgen Ederer · Ernie Lidwin Egerer · Helene Ehmann · Christian Eibl · Michael Eibl · Anita Eichenseer · Beate Eichinger · Josef Eichinger · Marianne Eichinger · Harald Eifler · Stefan-Bernhard Eirich · Martina Eisenhut · Uschi Eixenberger · Regina Elsner · Bianca Engel · Nicole Engelbrecht · Kar Englert · Georg Englmeier · Martin Ernst · Gabriele Erpenbeck · Stefan Eß · Robert Feigl · Martina Feil · Bernadette Feiner · Matthias Fellner · Franz Ferstl · Beatrice Fielder · Regina Fischer · Jürgen Flattken · Reiner Fleischmann · Tanja Flemming · Alexander Flierl · Birgi Focke · Clemens Foierl · Alfons Forster · Daniel Frank · Ulrich Frey · Nicole Freytag · Elisabeth Frieben · Johann Fröhler · Fran Frühmorgen · Johannes Frühwald-König · Marina Frummet · Hannes Fruth · Leonhard Fuchs · Michael Fuchs · Manfred Fürnrohr · Gebhar Fürst · Christiane Gabler · Martina Gabler · Christian Gärtner · Patricia Garcia-Zapatero · Peter Gaschler · Elisabeth Gassner · Wilhelm Gegenfurtner · Elisabeth Geiger · Johannes Geiger · Josef Gerl · Roman Gerl · Hans Gfesser · Karin Glotz · Andi Glotz · Alois Glück · Karlhein Götz · Sophia Goldschmitt · Tobias Goß · Gerda Gottwald · Johann Graf · Josef Graf · Anita Gramann · Thomas Großmann · Roland Großziel · Christa Grötsch · Martha Gruber · Martina Gruber · Marlene Grübl · Ivo Grüner · Gerda Grundner · Wenzel Gubik · Mari Gufler · Elke Gaberl · Gerhard Hackl · Veronika Härtl · Gabriele Häuser · Christoph Häusler · Sieglinde Hain · Ludwig Haindl · Gerhar Haller · Michaela Halter · Augusta Hammer-Burgstaller · Christof Hartmann · Maria Hartwich · Thomas Haslbeck · Kathrin Hauser · Irmgar Heck · Christian Heitzer · Thomas Helm · Jürgen Helmer · Susanne Hermann · Christian Herrmann · Eckhard Herrmann · Martin Hiergeist · Anton Hierl · Silvia Hilmer · Irmgard Hilmer · Isolde Hilt · Bernhard Hirschberger · Petra Hirschfelder · Anton Högerl · Gab Högerl · Robert Högl · Paul Höschl · Margot Hösl · Franz Höß · Klaus Hofbauer · Ulrich Hoffmann · Edeltraud Hofmann · Johanne Hofmann · Josef Hofmann · Markus Hofmeier · Melanie Hofmeister · Ferdinand Holler · Waldemar Holst · Michael Holzer · Wolfgan Holzschuh · Erwin Hopfensberger · Jakob Hornauer · Hagen Horoba · Peter Hubbauer · Helmut Huber · Ingeborg Hubert · Hein Hüttinger · Sigmund Humbs · Katharina Hummel · Ruth Ibanez · Josef Irl · Heike Ismer · Silke Jäger · Patricia Jordan · Ansgar Jürgens · Ludge Jürgens · Michael Jutkowiak · Hans-Peter Kaiser · Karolina Kammerl · Ludwig Karg · Melanie Karl · Wilhelm Karsten · Christine Kastner · Ev Kerner · Martina Kerscher · Christina Keutz · Alfred Kick · Maria Kimmerling · Anita Kinscher · Martina Kirsch · Sabine Klarl · Stefa Klarl · Elisabeth Kleffner · Franz-Adolf Kleinrahm · Herbert Knapp · Hans Jürgen Knebel · Alfons Knoll · Gisela Knoth-Schröder · Martin Kohl · Benedikt Kölbl · Maria Kölbl · Maria-Theresia Kölbl · Christa Köllner · Gabriele König · Judith König · Maria Koller · Mari Korber · Stefan Krabatsch · Josef Kratschmann · Thomas Kratzer · Anton Kraus · Christine Kraus · Renate Krause · Nicole Kreuzer · Iri Krimm · Korbinian Kroiss · Gunda Kröninger · Katharina Kubisch · Josef Küffner · Diana Kühnlein · Gabi Kühnlein · Annemari Kuhn · Claudio Kullmann · Johann Lakomy · Andreas Lammel · Monika Lammel · Harry Landauer · Torsten Lange · Harald Laßleben · Reinhar Legat · Alexa Lehner · Markus Lemm · Philipp Graf von und zu Lerchenfeld · Dirk Lill · Bärberl Lindner · Stefan Lobinger · Rit Löbler · Claudia Lohner · Hannes Lorenz · Melanie Lorenz · Annemarie Luger · Alois Lukas · Bärbel Mader · Katrin Madl · Pau

Gremienmitglieder · Mitarbeiter

Mai · Christiane Mais · Gerlinde Maß · Gertraud Maurer · Eleonore Mayer · Sabine Meckl · Michael Meier · Barbara Meier · Elke Meier · Josef Meier · Konrad Meier · Marianne Meier · Josef Meilinger · Rosa Meilinger · Hildegard Meise · Matthias Melcher · Martin Melchner · Maximilian Melonek · Gabriele Melzl · Hannelore Mendl · Franz Merl · Franz Mertel · Elisabeth Meyer · Petra Meyer · Hartmut Meyer · Gabriele Meyer-Schübl · Friedhelm Mindel · Gerhard Minderlein · Lisa Minderlein · Marion Mirbach · Annemarie Mitterhofer · Renate Möllmann · Christa Mösbauer · Alois Möstl · Thomas Mühlbauer · Gerhard Ludwig Müller · Martina Müller · Ulrike Müller · Gabriele Mundigl · Gottfried Nahr · Gabi Nafz · Clemens Neck · Melanie Neuberger · Michael Neuberger · Jens Neundorff von nzberg · Johann Neumüller · Peter Nickl · Markus Nickl · Tobias Nicklas · Gisela Niklas-Eiband · Jörg-Peter Nitschmann · Susanne Joffke · Ulrike Nübler · Johannes Oeldemann · Thomas Offermann · Stefan Oster · Monika Ostermeier · Thomas Oswald · Christine Ott · Alena Ourednikovà · Reinhard Pappenberger · Elisabeth Paukner · Alfred Paulus · Johann Pelg · Hanna Penth · Ulrich Petz · Birgitt faller · Gabriele Pfeilschifter · Andrea Pichlmeier · Thomas Pinzer · Johannes Plank · Johann Platzer · Cäcilia Plohmann · Stefanie lötz · Verena Poiger · Klaus Poitsch · Elisabeth Ponnath · Bernhard Pöll · Petra Pöpel-Gajeck · Gerhard Pöpperl · Anita Pollok · Elisabeth opp · Josef Prantl · Lisa Praßer · Franz Prechtl · Franz Prem · Martin Priller · Erhard Pritschet · Albert Prögler · Sigrid Prüller · Gabriele schorn · Ursula Pusch · Stefan Ramoser · Georg Raß · Sylvia Rathay · Anton Rauch · Regina Rauch · Tobias Rautner · Vitus Rebl · Ludwig echenmacher · Jörg Reich · Walter Reichenberger · Petra Reichinger · Hermann Reidel · Fritz Reil · Christine Reimer · Carola eiml · Sabrina Reindl · Wolfgang Reiser · Edeltraud Reisinger · Norbert Reitzner · Christine Renner · Andreas Riedl · Elisabeth ieger · Reinhard Riepl · Thomas Rigl · Marian Ritter · Uwe Röcher · Simone Röder · Angela Rottner · Andrea Rust · Jutta Sailer · Dorina andner · Josef Sander · Alois Sattler · Gabriele Sauerer · Wolfgang Sausner · Christian Schaller · Harald Scharf · Jan Schattke · Rudi chedl · Matthias Scheller · Hans-Peter Scherr · Wolfgang Scheuerer · Elfriede Schießleder · Huber Schiller · Sabine Schiml · Karin chlecht · Sepp Schlecht · Herbert Schlögel · Laura Schlösser · Ulrich Schmack · Heidi Schmalhofer · Albert Schmid · Michaela chmid · Petra Schmid · Gabriele Schmid · Werner Schmid · Ingrid Schmid · Thomas Schmid · Brigitte Schmidbauer · Marianne chmidbauer · Monika Schmidmeier · Doris Schmidt · Reinhard Schmidt · Judith Schmohl · Simon Schmucker · Gerhard Schnabl · Heike Maria Schneider · Brigitte Schön · Hildegard Schön · Renate Schönfeld · Sivia Schönstein-Beck · Heinz-Günther Schöttler · Jakob chötz · Rosi Schott · Werner Schrüfer · Marianne Schubert · Maria Schuderer · Ingrid Schuierer · Sigrid Schulmeyer · Martin chulze · Michaela Schütz · Mechthild Schwab · Doris Schwabenbauer · Gerlinde Schwager · Berthold Schwarzer · Beate Schweiger · Ide chwinghammer · Martha Schwitalla · Peter Seebauer · Theresa Seeholzer · Oliver Seidel · Christoph Seidl · Jakob Seitz · Robert eitz · Barbara Silberhorn · Ursula Siller · Ingrid Sippenauer · Lydia Söll · Ilona Sommer · Robert Sommer · Stefanie Sonnleitner · Anthony oosai · Claudia Spangler · Brigitte Spangler · Lioba Speer · Edmund Speiseder · Franz Spichtinger · Werner Spitzl · Edith Spitzl · Roswitha preiter · Martin Stauch · Harald Staudinger · Johann Staudner · Josef Stautner · Eva Steffen · Thomas Steffl · Erna Steiner · Frank teinwede · Anja Stelzer · Johann Stelzl · Martin Stemp · Hildegard Stempfhuber · Georg Stephan · Jutta Stephan · Franziska tocker · Wolfgang Stöckl · Luca Stoeger · Franz Josef Stoiber · Georg Stracker · Veronika Strahberger · Maria Straßberger · Christoph treit · Manfred Strigl · Klaus Stüwe · Stefanie Sturm · Susanne Suhr · Josef Süß · Annemarie Taffner · Johann Tauer · Gregor Tautz · Sabine eisinger · Elisabeth Thaler · Daniela Thamm · Barbara Magdalena Then · Reinhold Then · Raphael Thorak · Sabine Tischhöfer · Ottmar ischner · Walter Tomschik · Sabrina Traub · Martina Troidl · Karin Uschold-Müller · Roswitha Uhl · Klemens Unger · Anneliese Unterländer · Stefan Vesper · Marija Vidovic · Werner Viehhauser · Roland Vilsmeier · Jana Vlckova · Rudolf Voderholzer · Reimund Vögeler · Albert Vogl · Rita Vogl · Konrad Wacker · Franz von Klimstein · Annemarie von Schuster · Horst Wagner · Ingrid Wagner · Charlotte Wahl · Albert Walbrun · Stefan Wallukat · Hannerlore Wankerl · Camilla Weber · Gerhard Weber · Josef Weber · Kerstin Wedl · Philipp Veibhauser · Dietmar Weigert · Marcus Weigl · Josef Weigl · Max Wein · Michaela Wein · Rosemarie Weinberger · Martina Weinzierl · Gabriele Weiß · Rita Weiß · Hans-Martin Weiss · Michael Weißmann · Gabriel Weiten · Eva Maria Welskop-Deffaa · Edith Verkstetter · Katharina Werner · Gertrud Werner · Hans Widmann · Jürgen Willkofer · Herbert Winterholler · Josef Wismet · Stefan Wissel · Maria Witt · Dagmar Wittmann · Hans Wittmann · Richard Wittmann · Karin Witzmann · Monika Würdinger · Sebastian Wurmdobler · Jürgen Zach · Anton Zagler · Theo Zellner · Gabriele Zieroff · Bärbel Zimmermann · Gabriele Zinkl · Rainer Zollitsch · Herbert weckerl · Tamara Zwick

Gastfreundschaft in Regensburg

Mehr als 4.000 Gäste fanden Herberge in und um Regensburg. Über 1.500 Gastgeber öffneten ihre Türen für die zahlreichen Besucher des Katholikentages. Armin Wolf, bekannter Sportreporter aus Regensburg, übernahm bereitwillig die Schirmherrschaft für die großangelegte Bettenkampagne. In 32 Gemeinschaftsquartieren standen den Besuchern zusätzlich 8.500 Schlafplätze zur Verfügung.

Jürgen Kolb aus Regensburg hatte das 3.000ste Bett gemeldet. Eigentlich würde eine einfache Klappcouch reichen, doch Herr Kolb räumte sogar seine Wohnung: »Das war für mich selbstverständlich, ich hab doch genug Platz! Die Katholikentagsgäste sollen sich bei mir wohlfühlen.« Zum Dank überreichte Generalvikar Michael Fuchs Dauerkarten und Blumen.

Bilanz

Am Ende des Abschlussgottesdienstes zog der ZdK-Präsident eine Bilanz des Katholikentages. Bischof Rudolf schloss sich diesem Fazit beim anschließenden Bistumsempfang gerne an.

Ich bin sicher, dass man auch mit zeitlichem Abstand feststellen wird: Der 99. Deutsche Katholikentag war für die katholische Kirche in Deutschland eine wichtige Station im Dialogprozess und eine starke Ermutigung. Gerade diese Tage in Regensburg haben die integrierende Kraft der Katholikentage für unsere Kirche gezeigt.

Liebe Schwestern und Brüder, die Kraft aus diesen Tagen von Regensburg darf sich nicht auf unsere innerkirchlichen Aufgaben beschränken. Gottesliebe und Nächstenliebe gehören für uns Christen zusammen.

Wir wollen nicht und wir dürfen nicht besserwisserische und moralisierende Zuschauer sein, sondern aus dem Glauben heraus engagierte und sachkundige Mitgestalter. Wir brauchen in Gesellschaft und Staat wieder mehr Menschen, vor allem auch junge Menschen, die nicht unter sich, im schützenden Raum der eigenen Gemeinschaft bleiben. Wir brauchen Menschen, die bereit sind, sich in der freiheitlichen, offenen und pluralen Gesellschaft zu engagieren.

Die Aufgaben sind vielfältig. Unser gemeinsames Leitthema ist Artikel 1 des Grundgesetzes: »Die Würde des Menschen ist unantastbar.« Das ist kein Rezeptbuch, aber es ist die unverzichtbare Orientierung für eine humane Welt, für eine humane Zukunft. Darum muss zu jeder Zeit und immer wieder aufs Neue gerungen werden. Das gilt für alle Lebensbereiche, für unseren respektvollen Umgang mit den Menschen und mit der Schöpfung. Die Würde des Menschen ist der Maßstab für Solidarität und Gerechtigkeit, für die Organisation unserer Wirtschaft, für die Medien, gerade für alle Entwicklungen im Internetzeitalter, für die Herausforderungen im Prozess der Globalisierung.

Eine ganz besonders wichtige Aufgabe ist der Schutz des Lebens von der Zeugung bis zum Tod. Von besonderer Aktualität sind die anstehenden gesellschaftlichen Debatten und politischen Entscheidungen für die Würde des Menschen im Alter und im Sterben. Liebe Schwestern und Brüder, es gibt viel zu tun. Lasst es uns tun!

Aus dem Fazit von Alois Glück
beim Abschlussgottesdienst

Fotonachweis:

99. Deutscher Katholikentag
Altrofoto Regensburg, Uwe Moosburger
Helga Brandl
Brauerei Bischofshof
Eberhard Dünninger
Stefan Eggert
Peter Ferstl, Stadt Regensburg
Irmgard Hilmer
Ichtys Junák Plze & DPSG Dombezirk
Thomas Köppl
Martin Meyer
Dagmar Nawrocki
Pressestelle Bistum Eichstätt
Hans Schertl
Gabi Schönberger
Jakob Schötz
Rosi Schott
Gregor Tautz
Klemens Unger
Michael Vogl
Julia Wächter
Marcus Weigl
Simon Zaus